À L'ÉCOUTE DE MON ÂME

Dépôt légal : avril 2022
ISBN : 978-2-3824-0095-1
N° d'édition : SR00951 (R22034)
www.secretdetoiles.com

Anne-Lise Le Maître

À L'ÉCOUTE DE MON ÂME

Des clés pour se relier à sa mission d'âme et s'aligner sur son chemin de vie

Secret d'étoiles

SOMMAIRE

Avant-propos.. 11

CHAPITRE I :
COMPRENDRE L'ÂME............................ 19

Le principe de correspondance 20
Le parcours énergétique de l'âme............... 22
L'âme en évolution 26
La naissance et le but de l'âme............... 26
Cycle de l'âme, cycle de la vie 27
L'âme jeune... 30
L'âme adulte 32
L'âme sage 34
La mort et les difficultés du passage
vers la lumière.. 37
L'entre-vies... 41
L'entre-vies dans le bas astral................ 41
L'entre-vies dans l'au-delà 43
L'heure de la réincarnation 45

CHAPITRE II :
ÉCOUTER L'ÂME INCARNÉE 49

Approcher l'essence de l'âme 50
Ses énergies karmiques 51

Les profils types de ses choix de vies antérieures........ 51
Les domaines de réalisation et d'évolution déjà parcourus ou encore inconnus........ 52
Les blessures prénatales encore sensibles........ 52
Les éventuels karmas........ 53
Étudier les choix d'incarnation........ 56
Un corps et une personnalité........ 56
Une famille de naissance........ 58
Un chemin de vie........ 62
Des cycles de réalisation........ 63
Confronter les vibrations de l'âme et celles de l'incarnation........ 67
À la recherche de l'harmonisation des énergies........ 67
Quand notre incarnation vibre sous une énergie dominante........ 68
Quand notre incarnation se heurte à d'autres polarités énergétiques........ 69

CHAPITRE III :
QUESTIONNER SON ÂME, ENTENDRE SES MESSAGES........ 75

Les vibrations des éléments........ 76
L'élément terre........ 77
L'élément feu........ 81
L'élément air........ 84
L'élément eau........ 89

Matrice élémentale 94
Les énergies plurielles du chemin de vie 99
Chemin de vie et libre arbitre 99
Comment questionner les énergies du chemin de vie ? 101
Calcul des 9 énergies du chemin 102
Chemin de vie 1 109
Chemin de vie 2 110
Chemin de vie 3 112
Chemin de vie 4 113
Chemin de vie 5 116
Chemin de vie 6 117
Chemin de vie 7 119
Chemin de vie 8 121
Chemin de vie 9 123
Les 9 domaines d'évolution de l'âme 126
9 domaines d'apprentissage 126
Comment questionner les énergies des domaines ? 128
Domaine 1, l'identité, la vibration fluide de soi 129
Domaine 2, le miroir et l'inconditionnalité des sentiments 133
Domaine 3, l'expression et l'alignement de soi 136
Domaine 4, le temps et l'ordre 139

Domaine 5,
le mouvement et la liberté intérieure 142
Domaine 6,
l'équilibre et l'harmonie 145
Domaine 7,
les sources du savoir et la spiritualité 148
Domaine 8,
l'accès à l'abondance.................... 151
Domaine 9,
l'accomplissement par la voie du cœur.... 154

CHAPITRE IV :
TRAVAILLER EN CONSCIENCE POUR ACCOMPAGNER SON ÂME 159

Que se passe-t-il quand on se reconnecte à son âme ?................................ 160
7 clés pour se reconnecter à son âme 162
Les principaux messages de votre âme sont contenus dans ce que vous vibrez..... 162
Procédez avec ordre et méthode.............. 163
Acceptez l'expérience et prenez la mesure des domaines d'évolution................ 164
Prenez en compte votre environnement et les contextes.......................... 166
Apprenez le temps......................... 166
Soignez au préalable les blessures et traumatismes de la vie actuelle......... 166
Repérez les répétitions de schémas familiaux et transgénérationnels.......... 167

Le rééquilibrage énergétique 168
Travailler sur les vibrations extrêmes 168
Prendre en compte les vibrations dans leurs spécificités 170
Les influences karmiques et les libérations de karmas 174
L'éveil spirituel et ses manifestations 176

Conclusion 179

Glossaire 185

AVANT-PROPOS

Âme, n. f. : du latin « anima »
signifiant « air », « souffle », « vie ».

La plupart du temps, l'âme est une notion que l'on rapproche de la spiritualité, souvent même de la religion. Ainsi, gravitent autour de ce terme de nombreuses croyances différentes issues des diverses cultures et pratiques spirituelles ou religieuses du monde.

Tout au long de cet ouvrage, je vais employer le terme « âme » et je souhaite donc préciser la signification que je donne à ce mot.

En ce qui me concerne, je reste dans une acception spirituelle du terme, mais je cherche autant que possible à dégager l'ensemble de mon propos des dogmes et des religions, non pas pour m'y opposer, mais pour ne conserver de l'âme que son essence, dépouillée des croyances et des pratiques cultuelles.

En effet, l'âme est un concept qu'il est possible d'aborder sans le sacraliser, sans se référer à un ou à des dieux, et donc sans nécessairement posséder des convictions religieuses. La psychanalyse nous offre d'ailleurs une grille de compréhension qui ne repose pas sur ce type de principe.

J'utilise donc ce terme sans le rattacher à une conception précise. Par exemple, je n'évoque pas particulièrement l'âme telle que la religion catholique peut la concevoir, pas plus que je ne parle du karma[1] en me limitant à ce qu'en écrivent les bouddhistes. Je préfère en effet rendre à l'âme toute son essence et son éventuelle complexité, en la dépouillant d'une lecture trop imprégnée d'une culture ou d'une autre.

Ne voyez pas dans mon approche un rejet des cultes et des croyances individuelles de chacun, mais plutôt la volonté de me focaliser sur ma propre guidance pour **vous raconter l'histoire d'une conscience en évolution au gré de ses expériences et de ses incarnations.**

Chercher à comprendre l'âme par le seul prisme d'une religion adoptée aujourd'hui ou hier, dans un contexte ou dans un autre, pendant notre incarnation ou une autre antérieure, est trop limitant et surtout fortement teinté de croyances finalement bien récentes à l'échelle du temps de l'univers. C'est aussi présupposer que le Divin est à notre seule image et que les dogmes ou principes religieux équivalent aux lois de l'univers.

Pour ma part, je considère que le temps des religions est le monde de l'homme et que le temps de l'univers

---

1. Voir glossaire p. 185.

est le monde de l'âme. Pour cette raison, je privilégie une approche spirituelle plus universelle du sujet.

Quand j'ai entamé mon parcours de reconnexion à l'âme, mes guides m'ont proposé trois sources principales de compréhension de l'âme et de la spiritualité. Je ne prétends pas qu'elles sont justes et il est certain qu'elles sont tout sauf exhaustives, mais elles sont issues de guidances telles que je les ai reçues et reçois encore. Ces trois clés sont Carl Gustav Jung, la mythologie nordique et Pythagore. Je me sens donc très fortement reliée à ces trois piliers et la quasi-totalité des enseignements que je reçois par canalisation repose sur leurs systèmes de représentation, ainsi que sur les principes et les outils de compréhension qu'ils proposent. Le but de ce livre n'est pas de développer ces trois approches, mais ne vous étonnez pas si je peux faire référence à l'une d'entre elles.

Les textes sur l'âme écrits par Carl Gustav Jung permettent de se questionner sur les principes de la conscience, sur sa manifestation et son éveil.

Ce médecin psychiatre suisse, décédé en 1961, a beaucoup écrit sur l'âme et ses manifestations, enrichissant son approche en s'ouvrant à des domaines connexes tels que la mythologie, la religion, l'alchimie et l'anthropologie. Jung est également à l'origine de concepts tels que l'inconscient collectif, l'animus et l'anima, les archétypes, ainsi que le processus d'individuation. Quand on s'intéresse au domaine karmique, ces notions sont à comprendre et à interroger, car on les retrouve presque systématiquement quand on se met à l'écoute de l'âme et de ses messages.

Dans *L'Âme et la Vie,* recueil de textes fondamentaux de K. G. Jung conçu en 1945 par Jolande Jacobi, il est écrit ceci : « [...] L'âme est le vivant en l'homme, ce qui vit par soi-même, ce qui cause la vie. [...] elle a la dignité d'une entité à laquelle il est donné d'être consciente d'une relation avec la divinité. »

Ces quelques mots me semblent expliquer assez simplement ce que peut être une âme pour l'homme et je rejoins totalement cette vision.

En ce qui me concerne, j'emploie en premier lieu le terme âme dans un sens plutôt élémental (relatif à la conscience et à la maîtrise des éléments tels que l'air, l'eau, le feu et la terre) et énergétique. Je considère que l'âme est avant tout un principe de vie, c'est-à-dire une énergie, une vibration ou encore un souffle de vie. Mais elle est tout autant, selon moi, une conscience en évolution qui s'incarne dans la matière pour vivre des expériences qui servent son cheminement. Si à sa « naissance » l'âme est principalement énergie et vibrations sensibles, elle développe sa conscience au fil de son évolution.

Dans cette conception à la fois animiste et spirituelle, l'âme est donc l'esprit ou encore le souffle énergétique qui impulse « la formation dans la matière » des êtres vivants tels que les hommes et les animaux, mais aussi les plantes et les minéraux. En ce sens, on peut dire que l'âme précède la naissance et la vie matérialisée, mais aussi qu'elle dépasse l'entité incarnée dans la matière, tout comme elle lui survit à sa mort physique pour poursuivre via d'autres (formes de) vies son chemin d'évolution.

Cette approche pose le principe d'une énergie consciente, vivant en partie indépendamment du ou des véhicules physiques et corporels qu'elle se choisit pour expérimenter dans la matière.

Avec cette vision du sujet, il est difficile de ne pas aborder le thème de la réincarnation, c'est-à-dire le postulat que l'âme passe d'une vie à une autre en s'incarnant (parfois) dans de nouveaux corps physiques. Je suis à l'aise avec cette croyance puisque toutes les guidances que je reçois n'ont de sens qu'avec ce principe, mais je ne peux cependant pas vous prouver matériellement sa réalité.

L'ensemble de mon texte repose donc sur l'hypothèse d'une âme ou d'une conscience qui serait en évolution. Cette âme chemine et évolue progressivement via des apprentissages qu'elle vit (en partie) incarnée dans la matière au cours de différentes vies.

Pour l'âme, le but de ces apprentissages est d'acquérir de la connaissance et de se diriger vers la sagesse et l'éveil via la réunion des dualités, de toutes les dualités. Il peut par exemple s'agir de la dualité entre le yin et le yang[2], mais aussi des dualités élémentales telles que celles qui peuvent exister entre l'eau, la terre, le feu et l'air ou encore de dualités ressenties sur un plan plus spécifiquement humain : celles qui opposent ou séparent l'ego[3] et l'âme, le matériel et le spirituel, le bourreau et la victime, l'enfant et l'adulte, la femme et l'homme, le sacré et le profane, la vie et la mort, etc.

Une seule incarnation, une seule vie humaine aussi riche soit-elle ne permet pas d'atteindre « en une seule fois » toutes les connaissances et la maturité pour fédérer et unifier tous ces contraires « en soi et en conscience », pour les fusionner et pour s'aligner sur l'ensemble des plans. C'est pour cette raison que l'âme avance dans ce sens et évolue au gré de cycles de vies qui l'amènent à vivre des situations particulières dans différents domaines d'expérimentation et de réalisation.

Au fur et à mesure de ses vies, elle endosse un rôle, puis un autre, s'incarnant dans un archétype, puis dans un autre, se concentrant sur un domaine ou s'ouvrant à de multiples opportunités. Les sujets d'évolution spirituelle sont ainsi abordés sous de nombreux angles, permettant à l'âme de comprendre, au fil des vies vécues, les limites de chaque posture extrême pour en adopter d'autres, plus conciliantes, fédératrices et équilibrées.

---

2. Voir glossaire p. 185.
3. Voir glossaire p. 185.

Si on s'en tient au strict domaine des expériences de l'incarnation humaine (ce que je vais faire dans ce livre), la personne incarnée va quant à elle mener sa vie guidée par ses énergies personnelles, celles qu'elle ressent et module en conscience, mais aussi par ses énergies karmiques, souvent beaucoup plus inconscientes, voire incomprises, puisqu'elles sont le fruit de toutes les expériences antérieures vécues par l'âme.
Quand une personne cherche à comprendre son âme, c'est parce qu'elle souhaite accéder à cette partie d'elle-même qui la dépasse tout en l'influençant, pour vivre plus efficacement et sereinement les enjeux actuels de son incarnation et favoriser l'évolution souhaitée par l'âme.

Tout au long de votre lecture, je vous invite à vous référer au glossaire en pages 185-189 dans lequel vous trouverez des notions clés.

Bonne lecture !

CHAPITRE I

COMPRENDRE L'ÂME

Au cours de ce premier chapitre, je vous propose de vous familiariser avec la notion d'âme dans ses deux dimensions : l'âme en tant que vibration énergétique mais aussi l'âme en tant que système de conscience. Nous verrons que l'âme est une conscience en évolution qui expérimente via des apprentissages et qu'elle choisit (parfois) l'incarnation dans la matière pour servir son parcours. Nous nous intéresserons aussi à l'entre-vies et à ce que l'âme réalise quand elle n'est pas incarnée et qu'elle poursuit pourtant son cheminement. Pour comprendre dans quelles dispositions elle rejoint « le temps et l'espace » de l'entre-vies, je développerai également cette étape particulière qui correspond au passage, c'est-à-dire à la fin de vie et à la mort de l'être humain incarné.

LE PRINCIPE DE CORRESPONDANCE

On attribue à Hermès Trismégiste, personnage mythique de l'antiquité gréco-égyptienne et à l'origine de la philosophie hermétique, un ensemble de traités, de tables et de principes, dont notamment le principe de correspondance : « Tout est correspondance. Ce qui est en haut est comme ce qui est en bas, ce qui est en bas est comme ce qui est en haut. »

Ce principe, essentiel pour comprendre l'âme, nous enseigne que les lois et les manifestations qui régissent l'être et la vie humaine dans toute sa complexité, aussi bien matérielle, émotionnelle, mentale que spirituelle, se retrouvent dans d'autres plans, dans d'autres mondes et peuvent de la même manière organiser d'autres systèmes vitaux. Il nous dit aussi qu'en connaissant un monde, nous pouvons en déduire intelligemment un autre, que ce qui vit dans l'un existe aussi dans l'autre.

Suivant ce principe, on peut dire qu'il existe là-haut, comme au milieu et comme en bas, chez les dieux comme chez les hommes, comme chez les morts :

- **Une part de divin.** Chercher à comprendre le divin présent dans le monde spirituel n'est que le moyen de mettre en lumière l'essence divine de l'homme pendant l'incarnation, dans sa vie matérielle.
- **À la fois l'ombre et la lumière.** L'âme, qui expérimente sur terre via l'incarnation, génère des énergies positives et négatives qui se positionnent autant sur le plan terrestre, matériel et éphémère de notre exis-

tence que sur le plan cosmique et karmique. Si l'âme n'est pas l'ego, elle imprime et conserve cependant dans ses énergies propres les mémoires de ce qui est vécu pendant chaque incarnation, pour le meilleur comme pour le pire.

- **Un principe d'évolution et d'acquisition de conscience.** L'âme tout comme l'être humain se place dans un processus d'évolution et d'éveil de conscience.

L'exemple de la mythologie nordique

La cosmogonie proposée par la mythologie nordique, avec son système d'organisation représenté par les neuf mondes d'Yggdrasil et le panthéon de dieux, déesses, géants, nains et animaux, illustre bien ce principe hermétique de correspondance. Même s'ils vivent dans le monde d'en haut, les dieux et les déesses, imparfaits et somme toute très humains, sont confrontés malgré leur position divine aux mêmes enjeux que ceux que rencontrent les humains pendant leur incarnation dans le monde du milieu. Tout comme eux, ils côtoient l'ombre et la lumière.

Cette représentation du divin évite d'imaginer que le monde de l'âme et de l'entre-vies ne serait qu'un monde de perfection, de pureté et d'amour. En réalité, les âmes en évolution ont autant d'aspérités et de personnalités que les êtres humains.

L'âme est à l'image de ses expériences vécues, de ce qu'elle a transcendé autant que de ce qui l'alourdit encore. Pour cette raison, travailler avec le monde d'en haut consiste souvent à rencontrer, avec bienveillance et sans aucun jugement, des énergies et des mémoires karmiques lourdes parce qu'il s'agit justement de faire en sorte de les transmuter. Les guides spirituels présents dans ce travail aident à porter la lumière et l'amour, mais c'est pour cela que jamais ils ne nient l'ombre.

LE PARCOURS ÉNERGÉTIQUE DE L'ÂME

L'âme est à la fois une vibration énergétique et un champ de conscience indépendant de la personne incarnée. À la source, quand l'âme commence son parcours d'évolution, elle se rapproche d'une famille d'âmes[4] dont la vibration principale et la vocation l'inspirent. À son contact, elle entame alors un apprentissage lui permettant de maîtriser les principes énergétiques qui participent au bon usage des énergies pour la vocation qu'elle souhaite incarner. Via ses différentes incarnations humaines, elle expérimente peu à peu l'utilisation de l'ensemble des énergies et prend conscience que l'énergie est l'accès :

- à la matière et la matérialisation[5], via les énergies de terre ;
- à l'action et au rayonnement, via les énergies de feu ;
- au mouvement, à la pensée, la communication et au domaine spirituel, via les énergies d'air ;
- à l'émotion, au cœur et à l'âme, via les énergies d'eau.

---

4. Voir encadré ci-contre et glossaire p. 185.

5. La matérialisation exprime ici la création, la concrétisation, la réalisation, la façon dont naît un projet.

Que sont les familles d'âmes ?

Les familles d'âmes se distinguent entre elles par leur vocation principale, par exemple enseigner, construire, protéger, communiquer, combattre, guider, guérir, éveiller. Chaque vocation requiert une maîtrise et une utilisation particulières des énergies et c'est donc par ce prisme initial que débute l'apprentissage et prend forme la personnalité de l'âme.

L'âme qui a commencé son parcours d'évolution au sein d'une famille peut progressivement migrer vers une autre famille d'âmes pour poursuivre son apprentissage ; elle n'est pas forcément limitée par son premier choix. Et il existe d'ailleurs des chemins d'évolution qui exigent l'apprentissage complexe et diversifié des énergies sous leurs multiples formes, nécessitant de passer de famille en famille pour cheminer dans l'apprentissage complet des énergies.

Par exemple, pour rejoindre, la famille des « maîtres », composée des âmes qui guident et initient, il faut bien souvent avoir effectué un parcours pluriel, au sein de plusieurs familles d'âmes, permettant d'être dans la maîtrise de la plupart des énergies et des domaines de réalisation.

En fonction de son parcours d'âme et de ses premiers choix de familles d'âmes, elle expérimente d'une certaine manière l'énergie. Si elle se focalise sur un parcours de bâtisseur, elle se consacre essentiellement dans un premier temps à la maîtrise des énergies de terre et de feu. Si elle fait son apprentissage auprès de guérisseurs ou de communicants, elle travaille plutôt sur des énergies d'eau et d'air. Dans tous les cas, elle n'a pas dès le début de son apprentissage la pleine maîtrise de l'ensemble de la palette énergétique. Le principe d'évolution de l'âme la conduit graduellement à poursuivre sa formation auprès d'autres âmes pour approcher toutes les énergies, les maîtriser séparément, puis ensemble.

La principale richesse de l'au-delà est celle de la conscience accumulée et celle de l'énergie maîtrisée. Dans cet espace se trouve la vibration énergétique de l'ensemble des mémoires de l'univers. C'est donc ici que vit et vibre la connaissance et la conscience fine du monde et de ses cycles. Toutes les manifestations de l'univers y sont enregistrées ; à l'échelle de l'humanité, on y retrouve l'empreinte énergétique de toutes les pensées, émotions, sensations, paroles et actions des êtres vivants.

Dans cet espace multidimensionnel se trouve donc la conscience totale de ce que sont les énergies, de leurs pouvoirs d'action. Suivant le principe que tout ce qui se fait peut être défait, tout est organisé pour transmettre la connaissance et l'utilisation des énergies, les lois encadrant leurs manifestations, ainsi que les principes régulant leur emploi.

Les lois de l'univers telles qu'elles nous sont transmises et enseignées aujourd'hui, ici ou dans l'entre-vies, répondent toutes à la logique première des lois énergétiques. Sur terre, pour être plus compréhensibles et pour nous rapprocher de nos expériences de vie, nous imageons ces lois, nous les teintons du filtre de nos sensations, nous les abordons par le prisme de nos ressentis et de nos valeurs. Mais en leur centre premier, une fois dépouillées d'un inconscient collectif et de croyances humaines, ces lois expriment des phénomènes physiques n'ayant pas d'autre choix que de se manifester quand les conditions quantiques sont réunies. Et la connaissance de ces phénomènes mécaniques, la conscience de ce qui doit se produire « mécaniquement » permet d'anticiper ou d'éviter une situation en faisant une utilisation différente des énergies.

C'est pourquoi il est toujours intéressant de s'interroger sur le parcours énergétique de l'âme : comment a-t-elle traversé ses expériences de vies antérieures ? En favorisant le feu ? Jusqu'à quel point ? En ignorant l'eau ou en s'y noyant ? Qu'a-t-elle compris de la terre et de ses messages ?

Et pour cette vie, qu'a-t-elle choisi de faire vibrer ou de rééquilibrer en elle ? Il est donc important de comprendre ce qui se joue dans la vie actuelle : quel type d'énergie principale nous domine et nous porte ? quelles sont celles qui nous sont moins familières et pour lesquelles nous sommes probablement en phase d'apprentissage ou en cours d'acquisition ? Dans la troisième partie de ce livre, je vous invite à réfléchir sur les 4 éléments principaux et à comprendre comment ils se manifestent en vous ou dans votre quotidien.

CLÉS DE COMPRÉHENSION

Quand on se concentre sur la compréhension du sens de la vie humaine et sur les karmas humains, on a tendance à mettre de côté cette dimension mécanique et énergétique qui relie l'âme à son essence et justifie la loi de causalité pour se focaliser plutôt sur les histoires des vies passées. L'être humain étant à la fois un système énergétique et une conscience à plusieurs dimensions vibrant notamment sur des énergies physiques, émotionnelles et mentales, nous avons pour habitude de chercher à comprendre l'homme (et son âme) par ce que ses émotions, ses pensées et ses maux disent de lui. Mais avant de nous questionner sur la teneur de ce qui le tient éveillé, nous pouvons commencer par comprendre son organisation et ses forces énergétiques, sa base structurelle, car sans cette première approche il sera toujours plus compliqué de bien cerner ce qui est à rééquilibrer fondamentalement dans ses énergies.

L'ÂME EN ÉVOLUTION

| LA NAISSANCE ET LE BUT DE L'ÂME

Au commencement de l'âme, il y a une étincelle de vie jaillissant de la source. L'essence première de l'âme est ce feu, cette petite flamme émergeant d'une matrice symboliquement aqueuse, aimante et gestative, la source.

À son origine, l'étincelle est pure énergie, elle n'est pas âme. Elle choisit de le devenir en se dirigeant vers la famille d'âmes qui l'inspire le plus pour débuter un parcours d'évolution, via un premier cycle d'apprentissages. Le choix de la famille d'âmes initiale va orienter le type d'expériences que l'âme commencera par vivre. Le but de l'âme nouvelle est de vivre des expériences qui vont enrichir et faire évoluer sa conscience.

La vie humaine constitue pour l'âme une des façons de vivre l'expérience, mais la matérialité de l'être humain et les situations traversées pendant la vie sur terre alourdissent naturellement son énergie. L'âme doit donc sans cesse veiller à se libérer des parts énergétiques qui la plombent et l'éloignent de sa vibration première.

Qu'elle soit incarnée ou dans l'entre-vies, l'âme « travaille » donc pour atteindre puis maintenir une forme d'alignement : elle expérimente et apprend pour évoluer, elle libère et digère ce qui l'éloigne de sa pleine fonction vibratoire. Le but de l'âme est de retourner à la source à la fin de son parcours d'évolution en état de conscience éveillée, après avoir transmuté toutes les lourdeurs des expériences vécues.

| CYCLE DE L'ÂME, CYCLE DE LA VIE

Pour décrire le principe de l'âme en évolution et mettre en exergue les différentes étapes de celle-ci, il est possible de comparer ce processus à celui qui nous accom- pagne de notre naissance à notre mort. Le chemin visible que nous menons est celui qui va de la naissance à la mort, en passant par l'enfance, l'adolescence, l'âge adulte et la vieillesse ; nous y inscrivons notre empreinte via nos sentiments, nos choix et nos actions. Et pendant chacune de ces périodes, nous abordons sous des angles très spécifiques les expériences rencontrées. De son côté, l'âme immergée dans la nouvelle vie qui se présente à elle interagit avec l'ego et l'environnement en fonction de son degré de maturité et de ses expériences antérieures. En conséquence, on peut dire que sur un plan subtil, nos sensibilités et affinités s'éveillent au fil de cette vie selon le stade d'expérience et de maturité générale de l'âme, ce qui influence directement nos orientations de vie. Par exemple, un enfant né d'une vieille âme sage peut parfois révéler un don, une précocité ou un savoir particulier et inattendu ; un adulte né d'une âme encore jeune et rebelle peut avoir du mal à se canaliser et à accepter les règles ou l'autorité.

Nouvellement né, l'enfant est entièrement dépendant de ses parents, centré sur des fonctions et des besoins physiologiques et instinctifs. Progressivement, il apprend et développe ses différentes consciences physique, émotionnelle, mentale. Sa famille est son premier cercle d'apprentissage et de modélisation.

À l'adolescence, il commence à se détacher de ce qu'il a appris pour se structurer une personnalité qu'il exprime souvent en opposition avec ses proches. Il cherche à se définir par ce qui le différencie, testant ce qui peut lui convenir en allant parfois dans les extrêmes. L'apprentissage du monde adulte le replace progressivement dans des réalités et des responsabilités multiples qu'il doit apprendre à gérer de front en faisant des choix ou des concessions pour se construire une vie au plus proche de ses aspirations, tout en tenant compte des enjeux matériels et financiers.

Un peu plus tard, les choix de couple et éventuellement de famille modèlent encore davantage la personnalité de l'individu. Selon qu'il s'engage ou non dans une relation, qu'il prenne la responsabilité ou non d'une famille, il doit faire coexister ensemble et simultanément plus ou moins de domaines (la famille de naissance parfois encore très présente, le couple, la famille nouvellement créée et les enfants, le travail, les loisirs, les amis, les passions, etc.). Et l'important est alors de fabriquer les ressources et les bonnes énergies pour mener de front tout ce à quoi il aspire. Il est question de priorités, de responsabilités et d'engagement.

Peu à peu, la maturité arrive. Avec le recul et le temps, il devient possible de faire des bilans et de remettre en question ou, au contraire, de conforter les choix de vie, de comprendre ce qui est essentiel et ce qui ne l'est pas. C'est un temps de questionnement et de nouveaux choix, provoqués par les accidents de la vie, ceux qui obligent aux décisions et conduisent parfois aux séparations et aux recommencements. On s'interroge sur le couple, le travail, les enfants, le sens et la qualité de la vie.

Le temps passant encore davantage, les choix s'étant raffinés et recentrés sur les essentiels, la personne est peut-être moins active extérieurement, mais plus alignée intérieurement, elle privilégie ce qui est bon pour elle et ce qui compte pour son entourage. C'est le moment de la sagesse et d'une ouverture intérieure qui lui permet de profiter de ce qu'elle a construit et de ceux qui l'entourent, de transmettre par son seul rayonnement. La vie vécue parle pour elle et raconte sa force, sa résilience, ses valeurs et ses choix.

Dans son évolution, l'âme, au fil de ses incarnations, suit ces mêmes étapes, étant dans ses premières vies ou dans certains domaines de réalisation une **âme jeune**, puis une **âme adulte**, puis une **âme sage**. Selon son stade de maturité, elle n'expérimente pas les vies qu'elle incarne avec les mêmes ressentis, les mêmes choix et les mêmes actions.

L'ÂME JEUNE

L'âme jeune vit en général des parcours individuels, destinés à lui apprendre à canaliser sa propre vibration, à se créer une identité profonde et un ego. Pendant ses incarnations, elle est souvent majoritairement autocentrée et elle peut adopter des choix tranchés, parfois en opposition aux autres, pour pouvoir se concentrer sur sa réalisation personnelle. Elle peut tout aussi bien être dans l'action que dans la non-action, encore dépendante de son entourage ou autonome et parfois même très libre, mais elle est beaucoup plus rarement responsable (dans le sens spirituel du terme).

L'âme jeune qui s'incarne ne le fait pas spécifiquement pour travailler sur des blessures antérieures encore ouvertes, puisque ses expériences sont encore limitées ; elle le fait pour avancer progressivement via l'expérimentation et l'apprentissage des énergies dans les étapes qui jalonnent son parcours d'éveil de conscience. Incarnée, elle vit ses premières situations avec une certaine fraîcheur ou candeur et ressent ses premières douleurs sans les avoir anticipées, ni même imaginées, tout comme elle peut infliger instinctivement aux autres des blessures et des souffrances, par pulsion d'attaque ou de protection. L'âme explore et découvre progressivement les différentes facettes de l'être humain : son corps et ses énergies physiques, son mental et ses méandres psychologiques, son cœur avec l'aspect affectif et émotionnel.

Chaque expérience vécue lui fait peu à peu prendre conscience de toute la palette des ressentis humains, de la manière dont ils interagissent entre eux pour s'opposer ou pour se compléter. Au fil des situations et au travers des relations, elle perçoit son pouvoir d'action et de réalisation et peut comprendre selon quels mécanismes les choses s'enchaînent, pour quel résultat.

En fonction de son contexte d'incarnation, de son environnement et des événements qu'elle vit, elle constitue sa première carte du monde, ou plus exactement une grille de lecture de son monde personnel. La carte est limitée à son champ d'expériences ; elle est dessinée et balisée selon ses repères personnels. Dans le même temps, elle se forge ses premières croyances, fruit de ses expérimentations ou de celles de son entourage.

Le chemin de l'âme jeune est aussi semé d'embûches

Les âmes jeunes ou qui sont simplement en évolution parce qu'elles manquent encore d'expérience ne portent pas toujours en elles de lourdes blessures karmiques ; elles ne se sont pas forcément créé un karma négatif durant leurs vies antérieures. Pourtant, quand je les étudie, je vais ressentir le poids énergétique des manques. Certaines énergies ne sont pas encore totalement en place, révélant les apprentissages à vivre. En vivant des vies particulières dédiées à des sujets spécifiques, ces âmes font l'expérience de domaines encore nouveaux pour elles et libèrent des énergies qu'elles ne connaissent pas encore bien ou qu'elles n'ont pas eu l'occasion d'utiliser sous la forme qui leur est aujourd'hui demandée. Ces chemins ne sont pas forcément plus légers à vivre, puisqu'ils sont souvent ceux au cours desquels se forment les premières blessures fondamentales. De plus, l'âme jeune vibre la plupart du temps sous des énergies sensibles, absolues et de ce fait la personne incarnée ressent plus fortement les émotions et les impacts des situations vécues. Pendant la vie en cours, elle peut donc se sentir blessée, meurtrie, alors qu'à la même place qu'elle, une âme plus mûre et plus expérimentée traverserait les sujets sans broncher. Être une âme jeune sans blessures karmiques n'augure donc pas systématiquement de vivre un chemin plus facile qu'en étant une âme expérimentée revenant transcender des blessures antérieures lourdes.

| L'ÂME ADULTE

L'âme adulte ou en phase d'émancipation est une âme qui se dirige avec envie vers des réalisations diversifiées. Elle a des aspirations multiples et forte des connaissances acquises, elle se sent capable d'être partout à la fois, dans une utilisation complexe et plurielle de ses énergies. Pendant l'incarnation, elle veut l'amour (les sentiments), la reconnaissance (par exemple au travail ou au sein de sa famille) et prouver qu'elle est adulte, notamment en créant à son tour une famille ou un couple. Mais la plupart du temps, cette âme a consacré à elle-même ses précédents apprentissages et elle n'est souvent pas encore dans des énergies d'unions et de relations équilibrées. Alors qu'elle se dirige vers des choix multiples, qu'il ne sera pas toujours simple de mener de front avec succès, elle comprend très vite combien l'équilibre de son rapport à « l'autre » et au monde en général va devenir clé pour la poursuite de son accomplissement dans tous les domaines de sa vie.

Pendant plusieurs vies, l'âme va donc expérimenter les énergies de l'émancipation et du stade adulte pour apprendre à doser avec justesse les rêves et les envies multiples, mais surtout les choix, les devoirs, les engagements et les responsabilités qui en découlent. C'est pendant cette phase qu'elle va approcher parfois avec réticence ou rejet toutes les énergies qui lui sont moins naturelles, mais qu'elle doit apprendre à canaliser et à utiliser ensemble si elle souhaite mener à bien ses projets.

Quand l'âme adulte ou déjà expérimentée se réincarne, elle le fait tout autant pour continuer de réguler des énergies aux vibrations extrêmes, qui compliquent sa juste vision de l'ordre des choses et du monde, que pour permettre le développement d'une conscience plus expansée. Ce qu'elle choisit de vivre dans l'incarnation découle donc de ce qui lui reste à régler pour avancer dans son processus d'évolution. Et elle endosse souvent des missions multiples :

- travail approfondi sur certains de ses thèmes d'évolution ;
- régulation des sources de sensibilité ou de tensions énergétiques associées à des expériences antérieures non digérées, au cours desquelles elle a pu être en position de victime, de bourreau ou de sauveur[6] ;
- participation au travail collectif de sa famille d'âmes, notamment en se penchant sur des blessures familiales et transgénérationnelles.

| L'ÂME SAGE

L'âme sage est celle qui a su faire la part de toutes les actions et de tous les choix de ses vies antérieures. Elle n'est plus dans la même quête de réalisation personnelle, elle a dépassé un besoin de reconnaissance et de légitimité. Elle connaît les forces, mais aussi toutes les limites de chaque énergie, elle comprend les lois qui les accompagnent. Elle sait qu'il n'existe jamais de jour sans nuit, que chaque choix positif est aussi négatif, que seul le cœur permet de vibrer positivement la vie.

---

6. Voir glossaire p. 185.

Dans la vibration qui est la sienne, elle se réincarne souvent pour accomplir des missions d'accompagnement, de nettoyage et de passage auprès d'âmes plus jeunes présentes dans sa famille de naissance, dans sa famille constituée, dans son environnement professionnel et amical, mais aussi dans un champ énergétique encore plus vaste et universel. C'est une âme qui est ici pour transmettre ou pour guider, sous une forme ou sous une autre.

Une âme déjà évoluée qui se réincarne dans un parcours de maître pour exercer une fonction de guide va comme toutes les autres personnes renaître en n'ayant pas le souvenir de ses expériences accumulées. Une partie de la vie sera donc consacrée à vivre des expériences destinées à réveiller ses domaines déjà maîtrisés, pour qu'elle puisse ensuite choisir d'accomplir sa mission avec aisance et tempérance. La vie humaine étant courte, il arrive que des réactivations profondes et comme « miraculeuses » se produisent après un accident ou suite à une expérience traumatisante, afin de lui permettre de retrouver le lien avec la source et les guides de l'au-delà.

Mais si certains maîtres endossent leur rôle en interconnexion consciente entre les mondes d'en haut et d'en bas, d'autres choisissent aussi vertueusement de se consacrer à des guidances plus concrètes et matérielles. Vibrer l'essence de son âme dans un monde incarné n'oblige en rien à vivre dans la spiritualité ni au contact du monde des esprits.

Étant passeuse d'âmes, je reçois régulièrement des mails de personnes à qui on a indiqué qu'elles appartenaient à la famille des passeurs et elles en déduisent qu'elles vont être amenées à faire du passage d'âme dans le sens le plus énergétique et télépathique, c'est-à-dire en aidant les âmes perdues et dans l'entre-vies. Mais le passeur peut remplir sa mission de multiples manières et c'est une erreur que de ramener la fonction à une stricte dimension spirituelle. Le passeur se caractérise par sa maîtrise des contextes et des énergies permettant de boucler des cycles, de passer des caps et de vivre sereinement des transitions ou des évolutions. Autour de nous et pour nous assister dans toutes les transitions de vie, nous sommes accompagnés de passeurs. Une assistante maternelle auprès de jeunes enfants pourra être un merveilleux passeur, un employé de Pôle emploi également, mais aussi un obstétricien ou une sage-femme, ou encore un avocat spécialisé dans les divorces.

CLÉS DE COMPRÉHENSION

Le principe d'évolution de l'âme repose sur l'idée d'un savoir qui s'acquiert et s'enrichit au fur et à mesure des expériences de vies, tout en s'ouvrant sur une conscience de plus en plus élargie. Or de nombreux domaines sont à expérimenter ensemble et séparément de multiples fois, avant de les maîtriser dans toutes leurs interactions et stabiliser cet essentiel. C'est pourquoi la très grande majorité des âmes incarnées ne vibrent pas « linéairement » et ne sont pas

encore totalement alignées. Antérieurement, elles peuvent avoir développé et maîtrisé uniquement certaines énergies et certains champs de réalisation. Elles se réincarnent afin de vivre les expériences structurantes qui leur manquent encore. L'âme incarnée n'a donc pas systématiquement pour mission de vie l'éveil ou l'intérêt spirituel. Pour elle, dans l'incarnation, il s'agit plutôt de trouver le juste équilibre au sein de ses différents plans de conscience déjà activés (matériel, émotionnel, mental et spirituel) via une bonne utilisation de ses énergies. L'important étant de dépasser/digérer et assimiler chaque expérience en la libérant des poids/blessures qui pourraient l'alourdir.

LA MORT ET LES DIFFICULTÉS DU PASSAGE VERS LA LUMIÈRE

Qu'il soit une âme jeune, adulte ou sage, une âme blessée, en évolution ou éveillée, à l'approche de la mort et à la fin de son incarnation actuelle, tout individu se retrouve potentiellement face aux douleurs physiques d'une maladie, d'une agression, d'un accident ou de la seule vieillesse. Mais au-delà de ces douleurs concrètes qu'il doit aussi gérer, il récupère progressivement la mémoire de ce qu'il a traversé pendant sa vie et avec le recul du temps passé, il comprend mieux les enjeux qui se cachaient derrière chaque expérience présentée. Il commence alors à ressentir ce qui reste inachevé, ce que l'âme va emporter avec elle pour poursuivre le travail.

Les conditions et les dispositions dans lesquelles l'être humain se trouve au moment de la fin de son cycle de vie vont fortement influencer son passage vers l'entre-vies.

Seules ou entourées, certaines personnes ont la possibilité de se préparer sereinement au passage. Leurs affaires personnelles sont à peu près en ordre dans tous les domaines, matériellement, mentalement et affectivement. Et c'est sans poids sur la conscience qu'elles se dirigent vers la fin, apaisées, alignées et en capacité de se libérer fluidement des tensions accumulées pendant les années passées. Pendant les derniers instants de vie, alors que le film de l'histoire vécue se déroule à nouveau en accéléré et que tout fait à peu près sens au regard de ce qui était à traverser, alors que l'amour et le pardon inconditionnels se manifestent pour libérer certaines tensions et douleurs encore présentes, l'esprit se libère de la matière, il s'allège de ses charges telluriques. Il abandonne le corps physique pour aller à la rencontre d'une autre famille, d'une famille d'âmes qu'il ressent ou perçoit, souvent par l'intermédiaire d'une lumière et d'un guide montrant le chemin.

Mais pour d'autres personnes, la fin de vie est plus difficile. Elles rencontrent en fin de cycle des remontées de souvenirs douloureux. Des mémoires particulières réapparaissent, elles tournent en boucle et peuvent tourmenter, surtout quand elles procurent un sentiment d'inachevé, de non-dits ou de mensonges. Dans les mois, semaines et jours avant la mort, se présente à l'esprit ce qui n'a pas encore été affronté et réglé pendant la vie vécue. Cette période d'introspection, de rêves et souvent de bouleversements émotionnels est destinée à permettre de libérer du vivant tout ce qui peut l'être. Cette phase de nettoyage peut devenir le temps de la tristesse, des regrets, de la colère, de la rancœur, mais aussi le moment de se comprendre enfin, de s'accepter tel que l'on a été, de reconnaître la valeur autant que le poids de ses actions et démissions.

Exemple de passage douloureux

C'est une période parfois difficile pour les personnes qui ont été guidées pendant toute leur vie par de fortes énergies yang, des énergies d'action, de pouvoir et de domination. Par le passé, elles ont souvent eu tendance à poursuivre leur chemin de réalisation dans la matérialité et l'individualité. Quand elles ont rencontré des épreuves et des obstacles, elles ont souvent fait des choix catégoriques et alignés sur leurs besoins personnels sans nécessairement se mettre à l'écoute de leur entourage pour prendre aussi en compte leurs priorités. Quand des divergences se présentaient, ces personnes dotées d'un caractère intelligent, fort et entier n'ont pas toujours eu la souplesse et l'empathie qui leur auraient permis d'accompagner avec plus d'attention et de compréhension leurs proches, de rechercher avec eux des compromis satisfaisants pour tous. Leur personnalité fière et intransigeante a pu leur faire vivre des « vies de ruptures, de changements et de séparations », parfois à leur initiative, mais aussi souvent parce que leur famille, leur entourage amical et professionnel n'arrivaient pas à se faire entendre ou à faire accepter leurs points de vue et finissaient par choisir d'interrompre la relation, souvent dans l'opposition, la douleur et le drame.

Quand ce profil de personnes arrive en fin de vie, les énergies des conflits qui ne se sont pas véritablement réglés antérieurement, faute de possibilité d'échange réel, se manifestent à nouveau. Les mémoires de ce qui était trop sensible pour être à l'époque exprimé et entendu raisonnablement se présentent pour réconciliation. C'est particulièrement le cas quand les désaccords ont causé des dommages émotionnels, psychologiques et parfois matériels importants auprès des personnes qui n'ont pas été entendues, impactant alors la poursuite épanouie de leurs vies.

Au moment de l'approche de la mort, il se règle beaucoup de choses sur le plan énergétique afin que l'âme puisse se diriger vers la lumière. Pendant cette période, il n'est pas rare de recevoir un appel ou un message du proche avec lequel les ponts étaient coupés. Les propos tenus sont souvent très touchants et révèlent le processus de prise de conscience et de libération intérieure.

Vous l'avez compris, plus la personne en fin de vie est sereine et en paix avec elle-même et les autres, plus son âme rejoint facilement la lumière qui la conduit vers le monde de l'entre-vies. Mais certaines situations rendent difficile, voire impossible ce passage fluide et rapide.

L'ENTRE-VIES

| L'ENTRE-VIES DANS LE BAS ASTRAL[7]

À l'approche de la mort, quand l'être humain revoit le film de sa vie, il ressent les émotions suscitées par les situations vécues, les siennes, mais aussi celles de ses proches. Il discerne et comprend ce qui s'est joué sans être dit, il ressent ses douleurs, ses peurs, ses colères et ses tristesses et en saisit les origines. En fonction de ce qu'il découvre et ce qui lui était jusqu'à présent caché, il déclenche de nombreuses émotions. Certaines le libèrent, mais d'autres peuvent aussi l'enfermer et lui faire ressentir une dominante de sentiments violents et négatifs, tels qu'une envie de vengeance, le tirant vers l'ombre plus que vers la lumière. Au regard de ce qu'elle découvre, l'âme blessée peut alors décider qu'elle n'en a pas fini avec le monde de l'homme et s'accrocher au plan terrestre pour y poursuivre ce qu'elle considère comme sa nouvelle mission. La consistance de ses énergies lourdes et chargées la plombe. Les guides de lumière, qui vibrent dans des énergies hautes, plus éthériques et lumineuses, sont invisibles et inexistants pour cette âme. Aussi, ils n'ont pas la possibilité de s'opposer à ce choix.

Voici les principales raisons poussant l'âme à rester dans les énergies humaines après la mort :

- la sensation d'un travail inachevé sur Terre ;

---

7. Voir glossaire p. 185.

- une pulsion poussant à finir de régler un différend, un conflit, une colère, une rancune ou une envie de vengeance ;
- le sentiment d'un devoir à poursuivre auprès d'un proche ;
- le souhait de ne pas quitter un être aimé ;
- la peur d'affronter le jugement divin ou ce que l'esprit considère comme étant des foudres karmiques ;
- l'inquiétude de perdre les bienfaits d'une dépendance et de se retrouver coupé de l'assouvissement d'une addiction en quittant le plan terrestre ;
- l'incompréhension de la mort. Certaines morts violentes sont des chocs si importants que l'esprit refuse d'y penser ou de s'y soumettre ;
- la recherche d'une protection humaine, notamment quand les décès sont brutaux ou traumatisants (par exemple, un jeune enfant se cherchera peut-être une nouvelle maman).

Pour tous ces cas particuliers, le monde de l'entre-vies continue dans des énergies lourdes et telluriques, auprès du monde des vivants. L'âme « errante » se réfugie dans de nouvelles énergies matérielles (lieux, maisons) ou humaines, qu'elle influence et parasite pour satisfaire ses propres besoins. Elle n'agit pas nécessairement par malveillance, mais sa présence peut perturber les vivants à son contact. Il est alors utile d'assister l'âme pour qu'elle finisse de régler ce qui continue de la tourmenter et puisse rejoindre la lumière.

L'ENTRE-VIES DANS L'AU-DELÀ

Entre deux incarnations, dans cet espace que l'homme se représente comme étant l'au-delà, la vie de l'âme qui a quitté la Terre pour la lumière continue. L'entre-vies est structurée pour permettre aux âmes qui y résident de poursuivre leur évolution en continuant d'apprendre, d'enseigner ou de guider, mais aussi en participant à la libération énergétique et émotionnelle de ce qu'il devient possible de transmuter auprès des proches encore vivants.

Il y a dans l'entre-vies :

- des espaces de repos et de régénération pour les âmes revenant d'une incarnation les ayant beaucoup sollicitées ;
- des espaces d'éducation, d'étude et d'apprentissage pour les âmes jeunes, mais aussi pour toutes celles en évolution ;
- des groupes et des familles d'âmes rassemblées par affinités et par expériences. Elles s'organisent selon leur empreinte énergétique dominante. Elles veillent et participent avec leurs propres ressources à l'équilibre général des forces cosmiques ;
- des gouvernances et des conseils qui coordonnent, guident et orientent afin que l'évolution individuelle de l'âme s'inscrive dans l'évolution collective.

Voici ce que l'on peut expliquer de la vie dans l'au-delà.

Certaines âmes qui repartent dans la lumière après leur mort physique arrivent dans le monde d'en haut fatiguées, épuisées énergétiquement par leur dernier parcours de vie, par le processus de mort, mais aussi par ce nouveau voyage. Elles ont besoin de récupérer des forces et sont alors conduites dans des sas de régénération au sein desquels elles peuvent se reposer autant que nécessaire, pendant plusieurs années s'il le faut. Quand les âmes sont dans cet espace de repos, il n'est pas possible de les contacter de façon médiumnique ; elles sont inaccessibles.

Une fois que l'âme a restauré son énergie spirituelle, elle est aiguillée vers un guide qui l'accompagne le temps d'un premier bilan sur la dernière vie vécue. C'est la première occasion qui lui permet d'ordonner plus posément ce qui a été ressenti au moment de sa dernière mort, pendant la découverte du film de sa vie. Elle prend alors le temps de la remettre en perspective en fonction des objectifs et des missions qui soustendaient cette incarnation.

L'âme et son guide échangent sur les succès et les déceptions par rapport à la vie en elle-même, mais aussi vis-à-vis de ce qui était attendu au regard de l'ensemble du parcours antérieur de l'âme. C'est le moment où l'esprit prend conscience de ce qu'il n'a pas été en mesure de finir d'accomplir avant sa mort. Et quand il a identifié ce qui nécessite encore du travail, il consacre un temps personnel, souvent très intime, à étudier et méditer afin de poursuivre son évolution sur ces points particuliers. Pendant toute cette phase, l'âme est principalement solitaire, centrée sur ce qui nécessite d'être digéré et encore libéré.

Expérience

Quand je travaille sur les karmas des personnes que j'accompagne, je suis souvent amenée à entrer en contact avec les énergies de ces âmes dans l'entre-vies. La plupart des âmes retournées à la source après avoir eu l'expérience de la vie humaine y reviennent, même si elles n'ont pas pu dénouer de leur vivant tous les nœuds énergétiques entravant aussi leurs proches. Ainsi, quand elles y sont prêtes, elles poursuivent le travail dans l'entre-vies avec la conscience sage de ce qu'elles libèrent puisqu'elles ont de là-haut accès à la compréhension de tout ce qui se joue. Mais elles ne peuvent effectuer ce travail de libération émotionnelle et énergétique que dans la limite de ce que les âmes incarnées ou errantes peuvent ou sont prêtes à accepter.

Le temps passé par l'âme dans l'entre-vies est donc consacré à son travail d'évolution personnelle. Mais elle participe aussi, quand le moment est venu ou quand sa fonction l'exige, à une action plus collective avec les âmes et les groupes d'âmes qui lui sont proches.

| L'HEURE DE LA RÉINCARNATION

Dans l'enceinte de l'entre-vies, l'âme construit son projet d'évolution et choisit de poursuivre son apprentissage dans un ou plusieurs domaines pour acquérir de nouvelles expertises ou pour développer un plan de conscience particulier. Quand elle a suffisamment mûri son projet, quand elle est perçue comme prête à vivre une nouvelle expérience humaine, elle se présente avec ses guides référents devant un conseil de maîtres sages qui l'assiste pour mettre en œuvre sa prochaine incarnation dans le sens de sa demande d'évolution.

Elle détermine ses nouvelles missions et effectue ses choix d'incarnation, guidée par ce conseil de sages qui l'aide :

- à examiner son karma[8] ;
- à définir les leçons et les apprentissages qu'elle doit revenir étudier pour pouvoir évoluer ;
- à choisir dans le détail :
  - les énergies particulières de son nouveau chemin et de ses principales étapes et missions ;
  - sa famille d'incarnation et ses énergies spécifiques ;
  - son identité individuelle et ses énergies personnelles.

Chaque choix porte en lui une raison profonde. L'âme ne choisit jamais son identité et ses parents par hasard, ni ses cycles de vie, et encore moins les défis qui seront à relever.

Et par voie de conséquence, chaque expérience vécue (ou non), chaque situation rencontrée (ou non), chaque relation nouée (ou non), que nous vivons pendant l'incarnation peut se raconter et s'expliquer à la lumière de l'âme et de son projet d'évolution. Il ne s'agit pourtant pas d'une forme de fatalité, puisque le parcours concret n'est pas inscrit dans le marbre : seules les énergies en

8. Voir glossaire p. 185.

présence sont définies et orientent les vies vécues selon les libres choix des egos.

CLÉS DE COMPRÉHENSION

Chaque âme a un profil particulier, une énergie dominante issue de sa vibration et des énergies qui se sont développées au fil de ses incarnations et expériences dans la matière.

On peut la définir selon :

- **un niveau de maturité directement associée à l'expérience acquise et à l'évolution atteinte via la transcendance de l'expérience ;**
- **un ou plusieurs domaines d'expertises, qu'elle maîtrise déjà ou vers lesquels elle se dirige ;**
- **une fonction principale qu'elle occupe dans l'entre-vies.**

Quand l'âme gagne en maturité, en plus de vibrer naturellement son énergie, elle travaille pour l'évolution de son groupe d'âmes (via la guidance des incarnés, par exemple). Elle occupe aussi une fonction au sein de la communauté. Jeune, elle est plutôt celle qui apprend, pratique et étudie ; plus mûre, elle enseigne, inspire, soigne, guide...

Ce qui est vrai dans l'entre-vies l'est également pendant l'incarnation, même si certaines missions spirituelles peuvent se révéler parfois tardivement, justement parce qu'elles ont nécessité la mise en place préalable de toutes les conditions idéales à l'accomplissement de celles-ci.

CHAPITRE II

ÉCOUTER L'ÂME INCARNÉE

Au cours de ce second chapitre, je vous invite à approcher l'âme et son essence profonde en prenant la mesure de la richesse de son identité directement corrélée à son stade d'évolution et à l'ensemble de ses mémoires antérieures. Ensuite, nous aborderont ses choix d'évolution (à court terme), ceux qu'elle peut décider de vivre et de travailler pendant le temps d'une incarnation humaine. Cela vous permettra de mieux comprendre pourquoi parfois, au fil des circonstances de la vie, nous nous sentons en situation de force ou de faiblesse, face à des énergies intérieures ou extérieures qui nous manquent ou qui nous dépassent.

APPROCHER L'ESSENCE DE L'ÂME

En partant des postulats que la réincarnation existe et que l'âme s'incarne dans la matière pour vivre des expériences lui permettant d'évoluer et de s'éveiller à la conscience, chaque vie traversée et chaque expérience vécue au cours de celle-ci génèrent à la hauteur de leurs influences et selon le principe universel de causalité un karma positif ou négatif. Au fil des vies traversées, pour son évolution mais aussi selon la sensibilité de l'âme, l'homme évolue parmi ses semblables et il endosse tour à tour, selon les situations et les relations, les rôles archétypaux de victime, de sauveur ou de bourreau[9].

L'âme est la résultante de toutes ces vies antérieures. Elle porte en elle des dominantes énergétiques et des capacités particulières qui sont le fruit de ses apprentissages, mais elle conserve aussi les mémoires des échecs, des faiblesses et des mauvaises actions. Elle peut avoir surinvesti, fui ou négligé certains domaines de réalisation, tout comme ses expériences ont pu lui faire développer des comportements extrêmes, soit dans le « trop », soit dans la démission et la passivité. Elle a pu vivre ou faire vivre des traumatismes et des blessures. L'histoire générale vécue est inscrite dans ses mémoires, influençant l'exploitation de ses énergies en favorisant leur équilibre ou, au contraire, en générant des blocages et des dysfonctionnements parfois profonds.

---

9. Voir glossaire p. 185.

Aussi, approcher l'âme et l'écouter, c'est aller à la découverte des différents points constitutifs de son essence.

SES ÉNERGIES KARMIQUES

Elles sont à la fois :

- la vibration énergétique profonde et dominante de l'âme ;
- la mémoire de l'âme, contenant les empreintes énergétiques de ce qui a été vécu, matérialisant aussi les zones impactées, les nœuds karmiques de tout ce qui attend d'être traité, nettoyé, transmuté ;
- le carburant, les dons et les ressources permettant à l'âme incarnée de sentir, d'agir, de penser, de ressentir, d'exprimer. Ces ressources sont potentiellement impactées ou entravées par les mémoires karmiques négatives présentes.

LES PROFILS TYPES DE SES CHOIX DE VIES ANTÉRIEURES

Ils aident à comprendre :

- sa personnalité profonde ;
- ses forces, ses faiblesses ;
- ses succès, ses échecs ;
- le fil directeur de son parcours d'évolution.

| LES DOMAINES DE RÉALISATION ET D'ÉVOLUTION DÉJÀ PARCOURUS OU ENCORE INCONNUS

Ceux-ci permettent d'identifier :

- ses ressources présentes ;
- son mode de fonctionnement ;
- les leçons karmiques comprises ou non ;
- ce qu'elle n'a pas encore affronté et qui la freine dans son évolution (par exemple, des peurs profondes et/ou des émotions lourdes).

| LES BLESSURES PRÉNATALES ENCORE SENSIBLES

Ce sont des blessures antérieures à la vie en cours. Elles peuvent exister de manière sensible dans les énergies karmiques, autant sous une forme physique (par exemple, un problème de santé antérieur) qu'émotionnelle ou mentale (par exemple, une blessure de trahison ou d'abandon).

Elles impactent souvent fortement les énergies de la personne incarnée et influencent inconsciemment son comportement, sa capacité à vivre dans le bien-être.

Les blessures prénatales ne sont pas systématiquement le reflet des blessures de la vie actuelle. Ce n'est pas parce que l'on est sensible à un sujet dans la vie actuelle que l'âme est forcément porteuse d'une blessure de ce type. À l'inverse, les blessures de la vie actuelle sont souvent des symptômes d'une blessure antérieure parfois fondamentale, encore mal identifiée et non nettoyée. Par exemple, une personne se sent mise à l'écart, a l'impression qu'on se méfie d'elle voire qu'on la rejette. Elle souffre donc dans sa vie actuelle d'un sentiment de rejet. Mais c'est peut-être parce qu'elle vibre sur des blessures antérieures de trahison non nettoyées et dégage de ce fait une énergie induisant le doute et la méfiance. En travaillant sur les mémoires d'origine, en réparant les trahisons antérieures, on atténue fortement la vibration actuelle du (sentiment de) rejet.

| LES ÉVENTUELS KARMAS

Le karma d'évolution décrit la direction à suivre pour aller dans le sens du chemin d'évolution de l'âme. Il n'est pas synonyme de poids karmiques lourds, mais refuser inconsciemment de poursuivre les étapes et les domaines d'évolution choisis par l'âme peut créer des freins dans la vie actuelle vécue, puisqu'inconsciemment la personne ne prend pas en compte le stade d'évolution de son âme et ses choix de progression.

Le karma individuel indique que l'âme doit encore réparer les conséquences de comportements antérieurs dont elle porte la responsabilité (souvent active) à titre individuel. Les personnes porteuses d'un karma individuel peuvent rencontrer des freins importants dans leur réalisation personnelle, des échecs que leur prisme de perception ne leur permettra pas d'expliquer.

Le karma collectif peut tout autant avoir été constitué simultanément par plusieurs personnes ensemble dans une situation particulière qui ne se répétera pas (un génocide, par exemple) que par une répétition de situations au fil de l'humanité impliquant à chaque fois des personnes ou des groupes de personnes différentes (une oppression répétée, par exemple).

Le karma transgénérationnel est une forme de karma collectif, mais il prend forme dans la famille (les cas d'inceste, de violence ou d'abandon, par exemple). Quand il est présent dans les énergies d'une personne, il convient d'étudier encore plus attentivement les raisons du choix de la famille de naissance et comment s'organise sur le plan karmique le système d'âmes composant ce foyer.

Les dettes karmiques sont des formes lourdes de karma. On les ressent quand plusieurs domaines d'évolution et de réalisation sont à comprendre et à approcher en profondeur pour éviter de renouveler des comportements allant à l'encontre de plusieurs principes universels et spirituels. On parle de dette, car d'une manière ou d'une autre, des âmes connexes et souvent victimes sont aussi bloquées dans leur évolution du fait que l'âme responsable n'a pas encore suffisamment avancé dans son travail de réparation et d'évolution.

Les liens karmiques sont des liens qui se sont constitués dans les vies antérieures au fil des situations et des relations. Si certains liens sont positifs et lumineux, d'autres peuvent porter en eux des déséquilibres ou des blessures encore non nettoyées. Tout type de lien peut avoir besoin de se débarrasser d'une conditionnalité : un lien de solidarité entre deux victimes, deux bourreaux ou deux sauveurs, un lien de dépendance entre victime et sauveur, de domination entre bourreau et victime... Certains liens masquent des pactes ou des contrats d'âmes[10], qu'il est toujours intéressant d'aller réaliser ou libérer pour éviter que les âmes incarnées ne restent aliénées aux promesses sans avoir la conscience de ce qui est à accomplir.

CLÉS DE COMPRÉHENSION

Quand on approche l'essence de l'âme, on se retrouve face à sa vibration majeure, mais aussi à l'ensemble de ses antériorités, ainsi qu'aux mémoires et aux blessures encore souffrantes ou à réparer.

Quand on étudie ses choix d'incarnation actuelle, on cerne ses projets et ses aspirations d'évolution à court terme, ainsi que les mémoires et les blessures auxquelles elle a choisi de donner priorité.

Approcher la mission que l'âme s'est assignée pour son incarnation en cours consiste à mettre en lumière ces différents points, afin de pouvoir l'accompagner dans ses sujets de réalisation et d'évolution en « travaillant » consciemment sur ceux-ci sans se sentir prisonnier ou victime d'antériorités difficiles.

10. Voir glossaire p. 185.

ÉTUDIER LES CHOIX D'INCARNATION

Comprendre l'âme, c'est donc également s'interroger sur ce qu'elle a imaginé pour la vie actuelle et pour servir son parcours d'évolution.

| UN CORPS ET UNE PERSONNALITÉ

L'identité physique et sexuelle choisie sert d'une manière ou d'une autre les buts de vie de l'âme.

Un potentiel et des dominantes énergétiques spécifiques sont aussi choisis par l'âme. Ils ne sont pas nécessairement ceux de son profil d'âme.

Exemple de choix d'un corps

Une âme forte et yang, aux énergies de feu, ayant dans ses vies antérieures privilégié l'action, la liberté et la domination pour poursuivre des buts purement individualistes, est une âme qui a rencontré des difficultés à assimiler naturellement le yin qui lui aurait pourtant permis de mener plus sensiblement des vies, dans un esprit de partage et de considération. Elle a pu par le passé s'incarner systématiquement dans des corps d'hommes et vivre dominée par la pulsion, la brutalité et l'agressivité. Pour rééquilibrer ses énergies via le développement du yin, l'âme peut se choisir une nouvelle incarnation dont le but portera sur un premier apprentissage des différents aspects de cette énergie encore ignorée (le féminin, la maternité, les émotions, l'assistance, par exemple). Et elle se choisira peut-être un corps de femme pour orienter encore plus significativement son karma d'évolution. Elle pourra aussi choisir de s'incarner avec des énergies limitées ou malades si elle décide qu'elle doit traverser cette vie plus passivement ou en situation de faiblesse.

La trace des ressources et des dons, mais aussi celles des karmas d'évolution, dettes et karmas personnels ou collectifs sont par ailleurs habituellement inscrits dans les énergies personnelles de la personne, sans nécessairement les bloquer.

Certains karmas se manifesteront au fur et à mesure de la vie, quand le moment sera venu de travailler dessus. J'emploie le terme travailler, mais il ne signifie pas qu'il soit nécessaire de prendre conscience d'une énergie karmique pour évoluer et agir favorablement. De nombreuses personnes cheminent et canalisent leurs énergies dans le bon sens, sans conscientiser la situation karmique qu'elles sont en train de dépasser. Et c'est très bien ainsi, car plus la démarche est naturelle et fluide, plus les énergies karmiques se régulent simplement.

Enfin, l'âme identifie **des défis de personnalité** qui vont justement découler du choix d'incarnation et d'évolution. Par exemple, une âme encore introvertie et timide qui aura pour mission de travailler son expression personnelle en se réalisant par une passion ou un métier aura peut-être comme défi de personnalité de développer sa capacité à travailler en groupe, ou de dépasser son introversion naturelle.

CLÉS DE COMPRÉHENSION

Les énergies du corps et de la personnalité (énergies émotionnelles et mentales, capacités d'action, de réalisation, de matérialisation, d'expression, de mouvement) sont des énergies intérieures, des ressources internes, parfois entravées ou limitées (comme dans le cas d'un handicap, ou quand il existe des mémoires antérieures polluantes), à partir desquelles la personne incarnée peut travailler directement, principalement en conscience, pour développer un équilibre personnel.

UNE FAMILLE DE NAISSANCE

La famille de naissance étant par nature le tout premier terrain d'expérimentation et de développement de la personnalité, il est tout aussi intéressant de comprendre ce que les parents et les autres membres du foyer procurent à l'âme, que ce que l'âme vient apporter à la famille par ses énergies spécifiques (rien ne fonctionne à sens unique).

En s'immergeant dans une famille qui n'est pas toujours représentative des énergies de sa famille d'âmes, l'âme va parfois faire l'expérience d'intégrer et de canaliser des énergies nouvelles et complémentaires, nécessaires à son évolution. Le processus d'assimilation n'est pas toujours fluide, et souvent les personnes incarnées dans la famille ne se comprennent pas et se rejettent. Comprendre ce qui se joue aide beaucoup à tempérer des relations tendues et difficiles. Par exemple, pour une âme aux énergies dominantes de mouvement et de créativité, il n'est pas facile de naître auprès d'un père aux énergies de terre, d'ordre et de méthode. Enfant, la personne incarnée se sentira peut-être contrainte, niée ou incomprise. Mais plus tard, le modèle et l'influence énergétique des énergies paternelles guideront peut-être la personne dans la réalisation et le succès de ses projets créatifs.

C'est souvent au travers des relations familiales que la personne ressent ses premières émotions, vit ses premières réactions hypersensibles et reçoit ses premières blessures, notamment émotionnelles et psychologiques. Il est tentant de faire un raccourci et de penser que si l'âme se sent aussi vulnérable lors des situations engendrant les blessures, c'est parce que les nouvelles blessures d'enfance réveillent des blessures karmiques antérieures du même type. Mais ce n'est pas nécessairement le cas.

Exemples de blessures d'incarnation non karmiques

La sensibilité à une blessure nouvellement reçue n'est pas systématiquement liée à une blessure prénatale antérieure du même type. Par exemple, une personne à l'âme jeune qui n'a pas encore expérimenté la trahison ou le rejet va peut-être vibrer très fortement et très sensiblement quand elle vivra ce type d'expérience pour la première fois.

Autre exemple : une âme dont la mission principale est l'émancipation va le faire via des actes initiatiques forts et elle doit, entre autres, accepter de vivre l'abandon. Elle ne l'a pas forcément vécu auparavant, privilégiant l'attachement et la dépendance parfois excessive. Quand le moment est venu de travailler sur la thématique de l'affranchissement et de l'abandon, la personne vibre très sensiblement sur ce sujet, non pas nécessairement parce qu'elle est chargée de blessures antérieures de ce type, mais parce que c'est une étape d'évolution pour son âme, un défi qu'elle a très peur de réaliser. Et tant que la personne est enfermée dans les colères et les tristesses des abandons qu'elle vit, elle ne travaille pas pleinement sur les conditions de l'émancipation chère à son âme et ne comprend pas totalement le sens des situations qu'elle traverse.

Deux enfants vivant au sein d'une même fratrie se développent souvent différemment et vivent les mêmes évènements en fonction des particularités de leurs profils d'âmes. C'est en ce sens qu'on peut dire qu'il n'existe pas de parents idéaux, puisque même quand ils sont bienveillants, ils sont généralement le premier miroir réfléchissant les fragilités de l'âme ; et l'enfant a naturellement tendance à cristalliser sur eux les manques et douleurs qu'il ressent à cause de ces fragilités.

Par ailleurs, en spiritualité, il n'existe pas d'enfance idéale. Les enfances (plus) faciles ne sont pas une garantie supplémentaire de vie fluide, les vies vécues conduisant souvent à des missions et des défis plus tardifs et tout aussi conséquents.

Quand les parcours familiaux sont lourds et délicats, porteurs de blessures répétées et de comportements toxiques, il est toujours intéressant d'étudier les familles sur le plan des âmes et non plus des egos. Ce qui se joue en arrière-plan, fonction des missions des âmes, est très différent et peut expliquer ce qui ne l'est pas toujours rationnellement. Comprendre les âmes de ses proches facilite la création d'un lien d'amour inconditionnel (non conditionné à des preuves d'amour). Ce que l'on ne peut pas pardonner facilement à un parent, on peut le comprendre quand on ressent ses énergies karmiques et ses sources antérieures de souffrance. Les bourreaux n'ont pas toujours une âme de bourreau, ils ont souvent des blessures lourdes à évacuer, nécessitant plusieurs incarnations et occasionnant des douleurs connexes. Et à l'inverse, certaines victimes présentent des âmes bien plus fortes et affirmées qu'elles ne le pensent.

CLÉS DE COMPRÉHENSION

Les énergies familiales sont des énergies extérieures à la personne, exactement comme le sont aussi les énergies d'un ami, d'un collègue de travail ou de n'importe quel groupe de personnes. Ce que dégagent ces énergies est important à prendre en considération, puisqu'on y lit en creux le territoire familial et relationnel permettant nos premières expériences. Dans tous les cas, il s'agit en supplément de comprendre comment réguler le rapport entre soi et les autres, entre soi et le groupe, mais aussi d'identifier les caractéristiques et les forces qui nous relient à celui-ci, tout comme ce qui nous conduit à respecter notre différence et à faire respecter notre singularité. C'est au sein de la famille que la première évaluation du rapport à l'autre se fait. Comme il se crée très jeune et comme il est fortement teinté d'affect et de conditionnalité, il révèle généralement la thématique d'une partie du chemin d'évolution. Pour mieux identifier celle-ci, il faut souvent avoir dépassé le stade de l'enfance et déjà pris du recul sur les situations qui se sont jouées et sur ce qu'elles ont permis de transcender.

UN CHEMIN DE VIE

Ce chemin porte en lui **une énergie dominante** dont il convient de tenir compte tout au long de la vie et **de nombreuses énergies complémentaires,** provisoires ou durables qui peuvent naturellement orienter les actions de la personne incarnée, sans pour autant entraver son libre arbitre.

Ce chemin se décompose lui-même en cycles initiatiques structurants, et selon les missions d'évolution que l'âme a choisi d'accomplir, chaque cycle est également teinté d'énergies complémentaires ou différentes, ainsi que de défis extérieurs.

Ces cycles initiatiques portent parfois l'inscription de blessures ou de karmas à libérer. Dans ces cas-là, on peut aussi retrouver dans les énergies karmiques des défis qui sont comme des étapes à dépasser pour dépolluer les énergies générales et favoriser un chemin de vie plus fluide.

| DES CYCLES DE RÉALISATION

Parallèlement au chemin de vie, l'âme choisit et inscrit dans le temps plusieurs thématiques sur lesquelles elle veut travailler pendant l'incarnation. Ces thématiques vont elles-mêmes vibrer sur des énergies particulières, parfois identiques, mais souvent différentes de celles des cycles du chemin. La personne doit alors prendre le temps de les inscrire dans le chemin de vie pour les considérer dans leur juste mesure.

On peut aussi retrouver dans ces énergies le rappel des karmas à accomplir et les périodes propices à leur réparation.

Par exemple, si une âme a souhaité évoluer dans un chemin destiné à l'aider à maîtriser les énergies de mouvement et de liberté, pour vivre une vie plus ancrée en allant au bout de ses choix, c'est qu'elle souhaite apaiser un côté curieux, vif, enthousiaste, mais souvent versatile et superficiel l'ayant empêché dans ses vies antérieures de s'engager ou de s'impliquer durablement pour mener des projets à terme de manière responsable. Si cette même âme a développé dans ses vies antérieures un profil impatient, désorganisé et un peu brouillon, elle s'assignera probablement un karma d'évolution sur la thématique du travail, de la méthode et du rapport au temps. La personne incarnée vivra alors dans des énergies plurielles : certaines seront dynamiques et mobiles, elles la solliciteront par des opportunités (qu'elle sera là pour refuser en partie) ; d'autres seront lourdes et statiques, elles la freineront et la ralentiront (pour l'obliger à rentrer dans une dynamique de choix, de travail, d'organisation et de discipline).

Dans le chapitre III explorant les différents chemins de vie (voir p. 75), je présente les clés pour calculer plusieurs de ces énergies multiples (celles du chemin de vie et de ses différents cycles initiatiques), et comprendre comment elles peuvent se heurter et interagir entre elles.

CLÉS DE COMPRÉHENSION

Les énergies plurielles du chemin et de ses cycles sont des énergies extérieures à la personne. Ce cocktail oriente les expériences vécues. À chaque moment important ou difficile, les énergies en présence, souvent diversifiées et parfois en apparence contradictoires, demandent à être comprises, tempérées et canalisées pour que le chemin se déroule dans une meilleure fluidité.

Face à celles-ci, la personne conserve son libre arbitre. Mais ses propres énergies entrent en relation avec les énergies du parcours et selon la manière dont elle gère l'ensemble, elle révèle sa personnalité, ce qui la fait vibrer, ses choix, sa manière d'être et d'agir, de composer et de respecter son environnement tout en étant alignée sur ce qui l'épanouit.

Identifier les enjeux du chemin et de ses cycles permet de porter un autre regard sur les expériences que nous choisissons de vivre, mais aussi de comprendre comment nos énergies personnelles évoluent fluidement ou se heurtent négativement aux situations traversées. Le but du chemin de vie est de provoquer les expériences nous permettant de trouver les solutions pour réguler des sources d'énergies différentes, tout en se dirigeant vers un accomplissement (des réalisations positivement matérialisées et/ou un sentiment de plénitude).

Par un travail intérieur sur nos énergies personnelles, nous comprenons de mieux en mieux ce qui nous est étranger et nous perturbe et ressentons comment

nous positionner face aux événements difficiles et opportunités qui se présentent. C'est une approche particulière qu'on ne peut pas directement assimiler à un seul travail de développement personnel, dans la mesure où il reconnecte très vite à plus grand que soi, et à des enjeux moins individualistes, notamment quand ils sont reliés à des karmas non résolus. En ce sens, s'aligner sur l'âme consiste véritablement à faire un pas de côté vis-à-vis de soi-même pour se connecter à plus grand que soi.

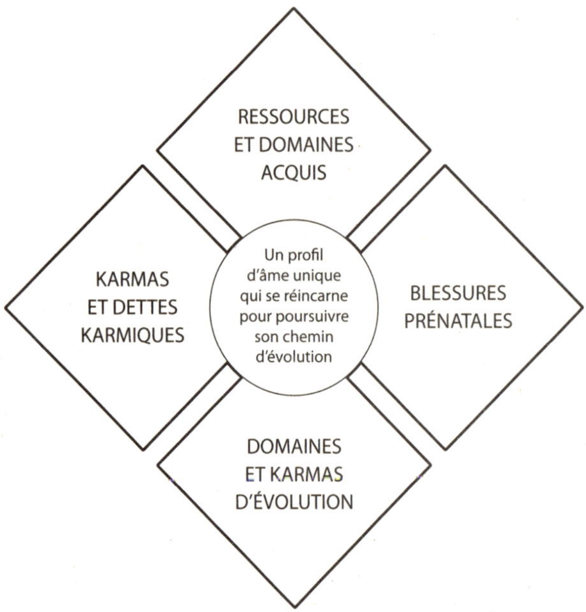

L'ESSENCE DE L'ÂME

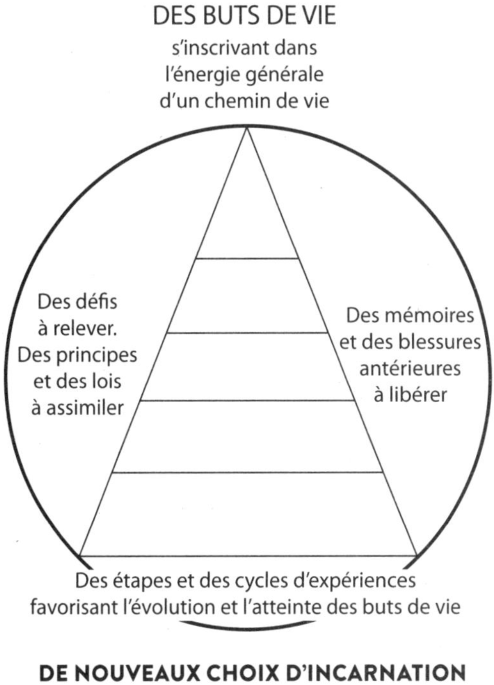

CONFRONTER LES VIBRATIONS DE L'ÂME ET CELLES DE L'INCARNATION

| À LA RECHERCHE DE L'HARMONISATION DES ÉNERGIES

Nos âmes incarnées vibrent la plupart du temps sur certaines fréquences énergétiques désharmonisées, car n'étant pas encore dans le plein équilibre de toutes les énergies ni dans la pleine conscience. Elles sont ici pour continuer à réguler et cheminer vers un usage juste et tempéré de leurs énergies et pour cela elles expérimentent aussi les extrêmes. En apprenant les conséquences matérielles, physiques, émotionnelles et psychologiques d'un usage extrême des énergies, elles avancent (la plupart du temps) vers la voie du milieu, plus juste et plus apaisée, pour elle et pour l'équilibre général du monde. Mais l'utilisation juste et modérée des énergies est directement corrélée au stade d'évolution de l'âme et à son niveau de conscience, car il est dans l'ordre des choses d'apprendre par l'erreur.

En tant que personnes, nous sommes sans cesse soumis aux énergies : aux nôtres, à celles de nos proches, à celle des situations que nous traversons. Identifier les vibrations énergétiques qui nous portent ou qui nous freinent, qui sont déjà harmonisées ou très sensibles, est le meilleur moyen d'en déduire ce que nous venons apprendre, partager ou équilibrer. Réfléchir à cela permet de prendre conscience du fait que nous sommes peut-être confrontés à des usages extrêmes de l'énergie ou, à l'inverse, que nous ne capitalisons pas suffisamment sur les ressources de l'une d'entre elles pour nous sortir de situations difficiles.

| QUAND NOTRE INCARNATION VIBRE SOUS UNE ÉNERGIE DOMINANTE

Une personne très terrienne, ancrée dans sa vie en cours, aborde les difficultés de sa vie avec pragmatisme et réalisme. Tant qu'elle peut avancer en comprenant logiquement ce qu'elle vit, elle n'a pas de raison de chercher d'autres sources de raisonnement pour l'aider à résoudre ses problèmes. Une personne intellectuelle, au fonctionnement à dominante mentale, à l'aise avec les concepts et les stratégies, ayant l'habitude d'organiser ses idées et de les dérouler en plans d'action et de réalisations, puise dans sa mécanique de pensées des ressources lui permettant de construire sa vie, à sa manière et selon sa propre carte du monde. C'est exactement la même chose pour une personne à la fibre artistique ou communicante. Dès lors qu'elle est en position de restituer et d'exprimer ce qu'elle vit et ce qui la touche, elle matérialise et rend consistant le monde tel qu'il lui parle, et mène une vie épanouie.

Ces différentes approches de la vie ne sont pas exclusives ; nous les portons toutes en nous et passons de l'une à l'autre en fonction des circonstances et des rencontres. Mais chaque individu adopte un mode de fonctionnement principal ou vital, correspondant à l'énergie prépondérante qui le guide et alimente son souffle de vie. Les hommes sont ainsi faits : certains commencent par vouloir, d'autres ressentent ; certains commencent par agir, d'autres par réfléchir, d'autres formulent et expriment.

QUAND NOTRE INCARNATION SE HEURTE À D'AUTRES POLARITÉS ÉNERGÉTIQUES

Tant que l'être humain poursuit sa vie en s'épanouissant avec les énergies qui le gouvernent et l'alimentent, il vibre avec satisfaction en terrain connu, il y trouve des sources de gratification et se sent aligné.

Les difficultés commencent quand il se heurte à des situations ou à des relations vibrant sur des polarités énergétiques qui le sortent de sa zone de confort. Les solutions qu'il connaît et applique habituellement pour régler ses difficultés ou celles des autres ne fonctionnent pas et il n'arrive pas à recréer en lui un sentiment de confiance, de sécurité et d'équilibre. Alors que la solution idéale consiste à partir, sans idées préconçues, à la découverte de ce nouveau territoire pour en comprendre le fonctionnement et apprendre à utiliser ces énergies différentes, la personne réagit en se protégeant. Elle bat en retraite et continue d'essayer de régler les oppositions, les blocages rencontrés avec son mode de fonctionnement dominant.

Au fil de la vie (et des vies), à chaque fois qu'une tension énergétique se noue sans avoir la possibilité d'être dénouée, elle génère une forme de poids ou de crispation dans le champ vibratoire de la personne. Et plus elle ignore ou rejette les énergies qui ne peuvent ni s'exprimer ni se réguler, plus elle alimente certains extrêmes et fabrique des tensions de plus en plus fortes qui ressortiront par la suite comme elles le pourront, pas toujours sous leur forme originelle.

La plupart du temps, on s'intéresse à son âme quand on se met à ressentir une souffrance ou des échecs que l'on ne s'explique pas ou que l'on n'arrive pas réguler par les moyens qui nous sont rassurants et familiers. On envisage alors qu'il puisse y avoir dans les situations vécues et dans les mal-être ressentis d'autres messages à entendre, d'autres clés de compréhension à conscientiser.

Les problématiques de la vie peuvent être des messages, des signes envoyés pour nous inviter à nous pencher autrement sur les difficultés que nous ressentons. Elles ouvrent peut-être sur des domaines d'évolution connexes qui sont à travailler. Ce qui revient à dire que, quand on rencontre une sorte de problème, la manière de l'approcher et d'entendre tous les messages consiste non pas à se focaliser seulement sur la résultante qui ne convient pas et qui matérialise le souci, mais à se concentrer aussi sur les différents points qui peuvent contribuer à générer le résultat et engendrer la persistance de la difficulté.

L'exemple du burn-out : quand les énergies déraillent

Le cas le plus explicite est celui du burn-out (syndrome d'épuisement professionnel). Il touche la plupart du temps des personnes fortes avec une très bonne vitalité. Elles sont souvent très investies sur le plan professionnel, exigeantes avec elles-mêmes, de nature perfectionniste ou contrôlante. Mais un jour, se retrouvant dans un état d'épuisement intense aussi bien physique et émotionnel qu'intellectuel, elles n'ont plus d'autre choix que de s'arrêter parce que tout craque dans le domaine professionnel, généralement d'ailleurs pour des raisons très valables : stress, conflits, tensions humaines, enjeux économiques, horaires, responsabilités…

La soupape qui fait tout sauter est celle du travail. Et dans les cas que je rencontre, l'âme a bien entendu quelque chose à réguler vis-à-vis de ce domaine. Les énergies disjonctent dans le secteur professionnel parce que la personne y a investi le plus naturellement ou le plus fortement ses énergies. Mais comme elle a surinvesti ce domaine de sa vie, elle a souvent en parallèle minimisé les besoins des autres par un mécanisme de compensation.

Le travail devenant de plus en plus son point principal de focalisation, n'ayant pas les moyens de se déconnecter, la personne ramène dans sa sphère plus privée les énergies principales mobilisées au travail (les énergies de terre et de feu, le yang, l'organisation, la méthode, la discipline, le contrôle, le pouvoir). L'énergie de tension et de concentration nécessaire pour se maintenir au travail n'a donc jamais la possibilité de se reposer. Demeurant active et en mode « contrôle », elle occupe toute la bande passante énergétique et prive peu à peu la vie personnelle d'énergies moins individualistes, plus yin et plus affectives.

Et j'observe dans mes accompagnements qu'après l'épreuve, au-delà de ce qu'il faut surmonter sur le plan professionnel pour retrouver des aspirations et un confort de travail satisfaisant, il y a aussi des rééquilibrages à envisager dans les autres domaines de la vie.

Bien sûr, quand on questionne l'âme, elle nous raconte son rapport au travail et ce qu'elle vient y réguler, mais ce n'est presque jamais le sujet principal puisqu'elle connaît ses forces et ses capacités dans ce domaine.

Elle nous parle parfois de l'équilibre général à retrouver en ne développant pas une seule typologie d'énergie (de terre), mais en renouant avec le plaisir, l'enthousiasme, la fluidité, l'évidence, le partage, le cœur ou encore l'attention portée aux autres et au monde, naturelle, non stressée ou non stressante. En effet, si le corps et le mental ont lâché, c'est parce qu'ils étaient privés de leur équilibre général : plus rien ne faisait contrepoids aux tensions, rien n'insufflait l'énergie permettant de libérer, de respirer.

Elle nous parle aussi, parfois, de la famille et du couple qui sont deux domaines qu'elle maîtrise moins que le travail et qu'elle peut fuir, ne comprenant pas ce qu'elle peut apporter dans ces domaines au-delà d'une organisation ou d'une gestion quotidienne et concrète. Elle nous raconte alors la peur de vivre sa dimension « eau » et « lunaire », sa crainte d'aller vers le soi et l'intime, ou encore sa difficulté à abandonner la maîtrise et à baisser sa garde.

CLÉS DE COMPRÉHENSION

Pensez toujours que votre âme recherche l'équilibre et quand vous ressentez que quelque chose vous sort de votre alignement et de votre épanouissement, réfléchissez au déséquilibre qui s'est créé. S'il y a une tension ou un extrême, cela veut dire qu'une autre partie est désinvestie. Et qui mieux que vous peut identifier la partie dans l'ombre qui doit participer au rééquilibrage ?

CHAPITRE III

QUESTIONNER SON ÂME, ENTENDRE SES MESSAGES

Je vous propose de vous reconnecter de trois façons différentes et complémentaires à votre âme. En premier lieu, l'approche élémentale vous permet de ressentir intuitivement les polarités énergétiques de votre âme et ses éventuels domaines d'équilibrage ou d'évolution. Ensuite, vous pouvez approcher ses choix d'incarnation au travers du chemin de vie et de ses différentes énergies. Enfin, je vous précise les neuf principaux domaines d'évolution que l'âme vient expérimenter dans la matière. En confrontant vos expériences de vie à ces thématiques vous pouvez ressentir les sujets spécifiques qui vous paraissent vibrer en vous et dans votre contexte d'incarnation.

LES VIBRATIONS DES ÉLÉMENTS

Quand on comprend que tout est énergie (l'âme, la personne, le chemin de vie et tous ses cycles) et que l'âme est incarnée pour vibrer et développer ses énergies de manière fluide et alignée, il est intéressant de prendre conscience de la façon dont les dimensions énergétiques se manifestent dans la réalisation de nos vies. Nous pouvons ainsi identifier les typologies d'énergies qui nous semblent naturelles et simples à maîtriser et celles avec lesquelles il est encore difficile de s'accomplir. C'est une bonne voie pour se mettre à l'écoute de notre âme et de ses demandes.

L'approche élémentale des énergies conduit à observer la nature, et plus particulièrement la terre, le feu, l'air et l'eau, pour comprendre comment ces quatre éléments principaux se complètent et s'organisent afin de générer la vie et la renouveler. En étudiant la relation que nous avons avec chacun d'eux, la manière dont nous canalisons pour notre propre vie leurs pouvoirs et ressources, nous pouvons ressentir comment ils vibrent en nous et autour de nous, mais aussi remarquer tous les signes qu'ils nous transmettent.

Avant de développer plus amplement les énergies des quatre éléments principaux, souvenez-vous que :

- des énergies de terre régulées favorisent l'accès à la matière et la matérialisation ;
- des énergies de feu équilibrées facilitent l'action juste et le rayonnement ;

- des énergies d'air bien canalisées gèrent tout ce qui concerne le mouvement, la pensée, la communication et le domaine spirituel ;
- des énergies d'eau harmonisées transcendent l'émotion, conduisent aux sentiments, au cœur et à l'âme.

Vous pouvez donc déjà, très simplement, réfléchir à la part harmonisée ou déséquilibrée que chacun de ces éléments occupe :

- dans votre personnalité ;
- dans votre vie ;
- dans votre entourage.

| L'ÉLÉMENT TERRE

La terre-mère est le territoire même qui justifie l'incarnation et les expériences à vivre pendant celle-ci. Son énergie est fertile et gestative, elle relie à l'ancrage au sens pratique et à un besoin de matérialiser la vie par des entreprises et des constructions concrètes et tangibles : s'unir, fonder un foyer, construire une maison, s'épanouir dans une passion ou un travail. Elle vibre également au rythme d'un temps composé de cycles et de saisons nécessaires au travail, à la création et au renouvellement.

L'élément terre se rapporte donc à la matérialité et à l'incarnation, à notre corps physique, à sa santé et sa solidité, mais aussi à tout ce qui nous enracine. Cette énergie nous parle de possessions et d'abondance (avoir), mais aussi de gestation, de croissance (processus temporel et créatif) et de transmission (racines et famille). Quand la vibration de terre est équilibrée en nous et autour de nous, elle permet de bâtir sa vie et ses entreprises sur des fondations saines et pérennes, dans un esprit de partage ou de lignée. Ce qui se matérialise et ce que l'on possède ne sont pas une finalité, mais une émanation de ce qui est important au plus profond de soi.

Interrogez-vous sur la manière dont se manifeste l'énergie de cet élément en questionnant plus particulièrement :

Le contexte temporel et géographique de votre naissance : quels sont les choix premiers de terre/territoire de votre âme ? Comment vous y reliez-vous ? Facilement ou difficilement ?

Votre corps et sa santé : est-il robuste ou fragile ? Comment en prenez-vous soin, comment l'entretenez-vous ? Quels sont ses maux physiques, psychologiques, émotionnels ? Comment se manifestent-ils ? Quand ? En quoi est-il une force et un atout pour votre incarnation ? Que vous fait-il faire et découvrir ? Que vous empêche-t-il de réaliser ? En quoi est-il une entrave et une limite ? Vers quoi vous recentre-t-il ? En quoi ne l'exploitez-vous pas ? L'aimez-vous ? Si non, pourquoi ne l'aimez-vous pas et comment pourriez-vous l'aimer davantage ?

Votre environnement naturel et le cadre de vie que vous vous êtes créés : que disent vos choix de vos aspirations ? De vos besoins (ou non) de sécurité et de stabilité ? Comment vous y sentez-vous ? Que vous manque-t-il ?

Vos richesses et vos possessions : qu'avez-vous choisi de matérialiser de vous-même ? Comment s'incarne votre matérialité ? Elle n'est pas nécessairement financière ou matérielle, votre famille ou votre caractère positif et entreprenant sont peut-être votre principale richesse ; ce qui compte, c'est qu'elle s'aligne sur vos besoins de sécurité et qu'elle aille dans le sens de votre épanouissement. Êtes-vous aligné par rapport à ces choix ? Ou dans un sentiment d'inaccompli ?

Vos racines et votre famille de naissance, puis éventuellement celle que vous avez choisi de créer et de nourrir : quel est votre héritage transgénérationnel, ses forces et ses faiblesses ? Comment pouvez-vous en prendre soin, l'aimer, le faire fructifier, le libérer de douleurs ou de schémas difficiles ? Comment contribuez-vous à le faire évoluer ? Que souhaitez-vous transmettre à la lignée à venir ? Que faites-vous en ce sens ? Quel couple choisissez-vous (ou non) de construire et d'investir ? Quelles sont vos familles de cœur ?

Votre rapport au temps : comment choisissez-vous de l'utiliser ? Quels domaines de la vie lui consacrez-vous ? Avec quelles énergies ? Avec de la patience ou de l'impatience ? De la méthode ou de la désorganisation ? Un sentiment d'excès ou de manque ? De l'activité ou de la passivité ?

L'énergie pragmatique et matérielle de l'élément terre vous est-elle naturelle, déjà apprivoisée ? Vous procure-t-elle un sentiment d'abondance et de réalisation ? À l'inverse, est-ce une énergie qui vous fragilise, soit parce qu'elle est trop présente, soit parce qu'elle est trop absente ? Parmi les domaines que gouverne l'élément terre, quels sont ceux qui sont pour vous des sources d'épanouissement ou de déceptions ? Le temps, la famille, le travail, les biens matériels, les finances, la santé ?

Les défis possibles d'une âme revenant équilibrer ses énergies de terre

- *Assimiler et canaliser la force puissante et tellurique de sa vibration.*
- *Pallier une absence de matérialité se traduisant dans les vies vécues par de la précarité, un manque de stabilité et d'ancrage ou à l'inverse dominer et rééquilibrer une tendance purement matérialiste pour transcender la matière et viser une abondance plus diversifiée, plus sage ou plus épanouissante (l'amour et le partage sont des formes d'abondance).*
- *Réguler les énergies de domination et de contrôle.*
- *Apaiser, nourrir ou équilibrer le sentiment de reconnaissance et de légitimité.*
- *Spiritualiser la matière ou matérialiser le spirituel.*
- *Influencer et réguler la lignée en la libérant de certaines blessures, douleurs, blocages.*
- *Travailler sur le karma et les racines familiales.*

| L'ÉLÉMENT FEU

Chaleureux, solaire et lumineux, l'élément feu est l'énergie pure, source de vie et de transformation. Cette flamme à l'énergie masculine et active relie au désir, à l'envie et à l'identité de soi.

En observant le pouvoir du feu sur la glace, l'action du feu sur la terre, la réaction entre l'air et le feu, on prend conscience de sa capacité d'évolution, de combustion, de transformation, de création ou de destruction. Le feu alimente, réchauffe, éclaire, embrase, consume.

Quand il est harmonisé, il devient l'impulsion et la motivation permettant d'accomplir des réalisations gratifiantes. La personne évolue dans sa vie sans se laisser déborder par lui, elle canalise ses envies profondes pour les réaliser et ne se laisse pas emporter par toutes ses pulsions. Elle est alignée sur ses actions et celles-ci expriment et révèlent ce qu'elle est dans l'équilibre de toutes ses polarités.

Le feu gouverne l'action juste, celle qui nous inscrit dans un rapport fluide au monde et aux autres, proactif et positif. La lumière qu'il procure permet d'ajuster la vision que l'on a de soi en ne négligeant aucune part d'ombre.

Quand on se positionne en victime, quand on se sent passif et impuissant ou quand on manque de confiance en soi et que l'on a perdu la conscience de son potentiel de réalisation, on peut s'éteindre à la flamme des autres, vivre dans leurs désirs et envies, sans trouver au fond de soi la motivation profonde régissant notre force de vie individuelle. Dans ce cas, l'élément feu absent nous parle de cette flamme intérieure à réveiller, à entretenir et à exploiter pour retrouver des aspirations et l'énergie de les réaliser. Il montre le chemin pour se recentrer sur ce qui vibre en soi, pour renouer avec la confiance et la volonté, puis libérer un rayonnement intérieur positif. Un feu éteint renvoie souvent à des peurs actuelles ou karmiques enfouies.

À l'inverse, quand le feu est beaucoup trop présent en soi, il aveugle, empêche de voir et de respecter la lumière des autres. Le filtre principal devient alors celui de l'ego et des besoins ou désirs personnels. Les motivations majeures et souvent inconscientes sont celles de l'accomplissement de buts égotiques. Le tempérament est affirmé, intelligent, mais souvent dominant, fougueux, volcanique, colérique, notamment quand ce qui se produit ne va pas dans le sens escompté. Dans ce cas, l'élément feu demande à être canalisé par un travail plus posé et introspectif pour raffiner et maîtriser les pulsions et désirs en un sentiment d'accomplissement plus profond, tout en travaillant en parallèle sur l'équilibre entre soi et les autres. Un feu dominant renvoie à des blessures et des peurs actuelles ou antérieures que les colères masquent ou permettent d'éviter.

Avec le feu, prenez le temps de vous questionner sur vous-même, sur votre vitalité, sur l'utilisation de votre pouvoir d'action, pour vous et dans votre rapport au monde et aux autres. Interrogez-vous sur cette dimension qui vous appartient totalement et qui constitue votre rayonnement, votre identité et votre ego, vos ressources de vie et de réalisation.

Interrogez-vous également sur la manière dont se manifeste l'énergie de cet élément en abordant plus particulièrement :

Votre flamme intérieure et sa vibration. Est-elle faible ou déjà forte ? Est-elle à renforcer ou à canaliser ? Est-elle source de réalisation ou de destruction, de pulsion ou de retenue ? Quels sont les sujets de votre vie qui bénéficient de sa chaleur et de ses différents pouvoirs d'action ? Quels sont les domaines aujourd'hui exclus de sa vibration, intentionnellement ou involontairement ?

Votre flamme intérieure et sa lumière. Qu'éclaire-t-elle de vous-même ? Que dévoile-t-elle de votre personnalité , de vos qualités et défauts, de vos forces et faiblesses ? Éclaire-t-elle principalement de l'enthousiasme, des pulsions, des désirs, des envies, des réalisations et des projets ou plutôt des peurs, un manque de confiance, des blocages et des freins ?

L'énergie active, lumineuse et chaleureuse de l'élément feu vous est-elle naturelle, déjà apprivoisée ? Vous procure-t-elle un sentiment de rayonnement et de vitalité ? À l'inverse, est-ce une énergie qui vous fragilise, soit parce qu'elle est trop présente, soit parce qu'elle est trop absente ?

Les défis possibles d'une âme revenant équilibrer ses énergies de feu

- *Assimiler et canaliser les caractéristiques de sa vibration.*
- *Équilibrer le rayonnement personnel et le rapport respectueux aux autres.*
- *Réguler ou développer le sentiment de confiance.*
- *Gérer et réguler les pulsions et désirs.*
- *Travailler sur le pouvoir de réalisation et l'action juste.*
- *Apprivoiser l'harmonie et la tempérance.*
- *Dépasser des peurs ou des colères, digérer des mémoires ou blessures émotionnelles karmiques.*

| L'ÉLÉMENT AIR

Émanation directe de l'éther (espace immobile contenant le vide et le néant), l'air est la vibration pure que l'on peut ressentir autour de soi (par exemple, avec le vent) ou en soi (par la respiration et l'usage des cordes vocales). L'air est silence, musique et parole, harmonie et cacophonie. Son mouvement se dirige toujours dans une direction. Il permet de poursuivre une intention. Le maîtriser aide à canaliser les mouvements d'action et de feu, mais aussi les bouleversements intérieurs et extérieurs.

L'air est l'élément qui gouverne :

- le mental ;
- l'expression ;

- le mouvement ;
- la spiritualité.

Cette vibration se ressent intérieurement via nos énergies supérieures spirituelles et mentales, mais aussi laryngées (relatives au chakra de la gorge, chakra comprenant aussi les oreilles) et se manifeste aussi extérieurement dans la vie qui se déroule à un rythme puis à un autre, provoquant des événements rêvés ou indésirables. L'air permet de vivre et d'avancer, de réfléchir et d'apprendre ; il guide notre communication par la voix et l'écoute. Ainsi, quand cette énergie est régulée, la personne s'adapte positivement aux situations de la vie, qu'elle les ait désirées ou non. Son mental est fort sans se fermer aux paramètres extérieurs ; sa communication est claire, sage et favorise des postures de conciliation justes, sans sacrifice. Son intelligence n'est pas seulement intellectuelle, mais aussi sensible et émotionnelle.

Se relier à l'air permet de ressentir le souffle de vie qui anime toute chose et toute personne et que l'on peut percevoir par l'appréciation de son mouvement ou par sa seule respiration. « Vivre et bouger », « vivre et respirer » ne sont pas exactement les mêmes desseins. Le premier conduit à explorer, via l'action et le mouvement, des territoires et des paysages, un champ des possibles et des opportunités pour profiter du monde et des personnes qui nous entourent tout en entrant en relation active avec eux. Le second, plus intériorisé et sensible, nous centre sur une forme de liberté intérieure plus contemplative ou spirituelle. C'est par l'attention que l'on porte au vide et à la vacuité que nous choisissons d'être et de ressentir non seulement extérieurement, mais surtout intérieurement.

En général, nous parvenons à l'équilibre personnel quand nous réussissons avec justesse à rassembler ces deux projets, comblant intériorité et extériorité, prenant conscience que sans vide, il n'existe pas l'espace nécessaire à la naissance du sentiment d'accomplissement.

Interrogez-vous également sur la manière dont se manifeste l'énergie de cet élément en abordant plus particulièrement :

Votre façon de communiquer et de vous exprimer. Quel est votre mode d'expression favori ? La parole, l'action, la création, l'art, le sport, le travail, la présence, le partage, l'amour... ? Qu'aimez-vous exprimer et qu'exprimez-vous ? Y a-t-il un décalage entre les deux ? Comment pouvez-vous faire converger les deux pour aligner votre expression sur votre souhait intérieur ?
À quoi utilisez-vous votre parole ? Est-elle entravée, douloureuse, difficile ? Est-ce qu'elle vous libère et vous relie (à vous-même et aux autres) ? Est-ce qu'elle vous éloigne et vous oppose aux autres ?
Qu'avez-vous besoin de dire ? Vos mots sont-ils pesés, mesurés, reflètent-ils vos pensées, vos actes et votre vie ? Ou existe-t-il souvent un écart entre votre formulation et la réalité (du moment ou à venir) ?
Portez votre attention sur votre chakra laryngé et remarquez comment il a pu être ou est sollicité : gorge qui gratte, difficultés de déglutitions, oreilles qui

bourdonnent, acouphènes, peuvent parfois être des manifestations d'un chakra à harmoniser pour libérer l'expression.

Votre rapport au mouvement. Êtes-vous toujours en action, en besoin de vivre activement ou de changer les choses et les situations ? Ou à l'inverse, avez-vous du mal à mettre en marche des évolutions et des changements ? Êtes-vous confronté à la difficulté de faire des choix ?

Votre besoin de liberté et d'individualité. Qu'est-ce que votre rapport au mouvement exprime de vous ? Fait-il vibrer un besoin d'indépendance et d'émancipation ? Une pulsion de rejet ? Des choix d'abandon ?

Votre rapport au changement. Comment réagissez-vous aux imprévus, à ce qui n'était pas anticipé ou planifié ? Avez-vous peur du changement et de la nouveauté? Mettez-vous du temps à vous adapter ?

Vos énergies de réflexion, d'inspiration. Avez-vous l'esprit serein et libéré? Réfléchissez-vous facilement et trouvez-vous aisément des solutions ou bien avez-vous l'esprit confus, hésitant et changez-vous souvent d'avis et d'envie ? Avez-vous des difficultés de concentration ? Quelles sont vos sources d'inspiration, de motivation et de guidance ? Sont-elles extérieures ou capricieuses, lunatiques et changeantes ? Ou vous présentent-elles une direction générale lisible et constante, vous permettant de vous aligner de manière profonde et pérenne sur ce qui est fondamentalement bon pour vous ?

L'énergie volatile, rapide, expressive et intelligente de l'élément air vous est-elle naturelle, déjà canalisée dans ses diverses facettes ? Contribue-t-elle à votre alignement et à votre expression générale et fluide ? À l'inverse, est-ce une énergie qui vous fragilise, soit parce qu'elle est trop présente, soit parce qu'elle est trop absente ? Parmi les domaines que gouverne l'élément air, quels sont ceux qui sont (res)sources d'épanouissement ou de déceptions ? Le mental, la connaissance et la réflexion, l'expression et la réalisation, l'expression des sentiments, le mouvement et le sentiment de liberté intérieure, la spiritualité ?

Les défis possibles d'une âme revenant équilibrer ses énergies d'air

- *Assimiler et canaliser les caractéristiques de sa vibration.*
- *Dompter un mental source de confusions et de doutes ou apprendre à se poser et à réfléchir avant d'agir.*
- *Faire des choix pour poursuivre des buts alignés sur ce qui est essentiel. Déterminer l'important et apprendre à renoncer à ce qui ne l'est pas permet de ne pas s'éloigner de ce qui compte.*
- *Limiter la versatilité en apprenant l'engagement et la responsabilité.*
- *Réguler l'expression sensible, qu'elle soit créative et/ou émotionnelle.*
- *Expérimenter la juste et véritable liberté.*

- *Apprivoiser l'harmonie et la tempérance.*
- *Spiritualiser la matière ou matérialiser le spirituel.*

| L'ÉLÉMENT EAU

Source de vie et de fertilité, l'eau se présente sous diverses formes, à l'état liquide, gazeux ou solide. Dans la nature, elle se fait vapeur, condensation, pluie, neige, glace, lacs, mers, rivières... On la retrouve aussi dans la rosée du matin, dans les larmes de nos émotions, dans le liquide amniotique qui protège et nourrit le fœtus.

Symbole de purification, elle est souvent priée et ritualisée dans les pratiques cultuelles. Transparente, réfléchissante, mais aussi profonde et sombre, sa vibration lunaire reflète l'âme et révèle à la conscience ce qui est caché dans l'obscurité de l'inconscient. Son pouvoir régénérant évoque le renouvellement, le cycle infini de la vie et les forces de transformation qui nous accompagnent de la naissance à la mort, puis à nouveau à la vie.

L'eau gouverne le goût, les émotions, l'accès à l'inconscient et à l'âme. Elle guide vers le cœur et les sentiments, dans un but d'échange et de reliance.

Quand cette énergie est régulée, la personne accède à sa dimension affective et émotionnelle fluidement. Elle sait canaliser sa sensibilité et faire la différence entre une émotion et un sentiment. Elle est dotée d'empathie, en capacité d'accueillir et de libérer les émotions des autres autant que les siennes. Elle sait nouer des relations inconditionnelles (non aliénées à une condition) et vit sa vie alignée sur ce que lui dicte son cœur, sans que ce soit une source de sacrifice ou d'étouffement ; cela lui procure plutôt inspiration et épanouissement.

Quand l'élément eau est dominant, la personne est envahie par une sensibilité émotionnelle intense, peut-être aussi parfois par une émotivité. Elle se noie dans ses propres émotions et ses ressentis exacerbés lui font perdre la mesure de la réalité. Il devient parfois difficile pour elle de construire des relations équilibrées. Qu'il s'agisse d'émotions de colère, de tristesse, de peur ou de dégoût, il est alors important de dépasser l'émotion pure pour comprendre le type de blessure émotionnelle que la situation a révélé et entamer un travail en conscience sur les blessures en question.

À l'inverse, quand l'énergie de l'eau est sous-représentée, cela peut signifier que le système de conscience émotionnelle de l'âme est encore secondaire et en cours de développement. Dans d'autres cas, la sous-représentation de cette énergie indique que l'accès au monde émotionnel est bloqué. Les émotions et les sentiments sont alors refoulés ou enfouis et la personne privilégie l'usage des autres plans de conscience, essentiellement le mental. Elle n'arrive pas à se libérer en exprimant ce qu'elle ressent, ni aux autres ni bien souvent à elle-même. Derrière ce blocage se trouve souvent un traumatisme, une peur ou une blessure ancestrale à libérer.

Il est très difficile de proposer des conseils généraux par rapport à cet élément, car nous reliant à l'âme et à l'inconscient, il fait émerger des sensibilités encore plus intimes que les autres éléments.

La plupart du temps nos émotions se sensibilisent et se révèlent face aux comportements des autres. Nous avons alors tendance à penser que c'est l'autre qui est la cause de nos ressentis et quand on ressent des douleurs émotionnelles, on a tendance à se sentir victime de l'autre. Mais si on veut avancer dans un travail de gestion émotionnelle, l'important est au contraire de bien faire la distinction entre ce qui relève de « l'attaque » de l'autre et de nos ressentis intimes. C'est ainsi que l'on arrive à identifier si nos réactions émotionnelles sont régulées, amplifiées ou désensibilisées. Certaines circonstances expliquent très naturellement un sentiment de colère, de tristesse ou de dégoût. Mais parfois ce n'est pas le cas et la réaction est démesurée par rapport à ce que justifie raisonnablement la situation. Certaines personnes se sentent facilement trahies, ou elles ont toujours la sensation que l'on va les tromper, alors que pourtant les personnes qu'elles côtoient ne sont pas nécessairement menteuses ou dissimulatrices. D'autres personnes ont un besoin d'attention et d'écoute très fort et un sentiment d'abandon ou de rejet important dès qu'elles ne se sentent pas aimées. Elles ont besoin d'être comblées par rapport à leurs manques, mais les personnes qu'elles rencontrent n'ayant ni les mêmes besoins ni les mêmes manques, auront du mal à leur accorder l'amour qu'elles recherchent.

Vous pouvez travailler sur vos émotions en utilisant le principe du miroir : « Vos relations et les situations que vous vivez vous parlent de vous. » Par ce miroir, vous approchez ce que les autres réveillent et déclenchent en vous, vous vous dirigez vers les sources de votre bien-être et de vos malaises. L'objectif du travail avec le miroir n'est pas de se concentrer principalement sur ce qu'est l'autre ou la situation, ni sur ce qu'il fait de bien ou de mal, mais de vous focaliser sur vous et sur vos réactions pour faire le tri entre ce qui relève d'une situation difficile, mais conduite à peu près sereinement, et ce qui réveille en vous une faille, un thème ou une blessure sensible.

Quand j'accompagne les personnes pour un travail sur l'âme, l'eau est à la fois la porte d'entrée du travail, le porteur des messages ou des mémoires, et la source de guérison des douleurs et blessures émotionnelles.

En vous reliant à cet élément, vous pouvez travailler sur tout ce qui influence la relation à l'autre, les ressentis et les sentiments. Cette énergie pousse à l'introspection tout en prenant en compte ce qu'est l'autre ou l'environnement. Elle propose de se comprendre au travers de la relation que l'on entretient avec l'entourage et elle invite à dépasser ses propres émotions pour s'ouvrir à la sensibilité des autres ou à celle du monde.

L'élément eau ouvre l'accès subtil à l'ensemble des plans de conscience. Il les relie, les fluidifie et leur communique leur pleine raison d'être. L'harmonisation de l'énergie émotionnelle et l'ouverture du cœur sont la clé et le passage vers l'éveil de l'âme. Quand une personne est en travail sur ce domaine, elle vit souvent des émotions très fortes. Dans sa vie de tous les jours, elle peut être confrontée à une sensibilité nouvelle, à des montées de larmes, à des pertes de repères dont elle ne s'explique pas l'intensité. Elle peut se sentir en très grand décalage avec un environnement qu'elle aime pourtant, ses pensées et ses rêves prennent aussi une densité et une puissance nouvelles destinées à libérer des énergies de guérison. Pendant la nuit, ou par la simple pensée, elle se connecte sans le vouloir à des portails énergétiques qu'elle ne ressentait pas auparavant. Elle observe des dysfonctionnements énergétiques que la médecine n'explique pas (acouphènes, gorge qui gratte, migraine, douleurs énergétiques sur certains membres ou auprès de certains chakras), elle est sans doute en pleine montée vibratoire. Et l'âme lui fait amorcer un nouveau tournant dans son éveil de conscience. Elle va souvent commencer à soigner holistiquement au-delà de ses énergies personnelles, les guides accompagnent le travail énergétique en chargeant en elle des mémoires plus collectives ou transgénérationnelles qui sont à réguler ou nettoyer. L'eau permet aussi de travailler sur les inconscients collectifs tels que l'anima (image de la femme) et l'animus (représentation de l'homme), et sur les croyances limitantes sociétales ou transgénérationnelles.

Les défis possibles d'une âme revenant équilibrer ses énergies d'eau

- *Assimiler et canaliser les caractéristiques de sa vibration.*

- *Développer et équilibrer le rapport et le lien à l'autre.*
- *Cheminer dans le processus d'individuation.*
- *Réguler la conscience émotionnelle et l'expression sensible du moi.*
- *Apprivoiser l'harmonie et la tempérance.*
- *Libérer des blessures prénatales, antérieures.*
- *Travailler sur le transgénérationnel ou sur des croyances et mémoires collectives antérieures.*
- *Faciliter l'ouverture énergétique du chakra du cœur pour libérer des énergies et un pouvoir de guérison.*
- *Favoriser un éveil de conscience.*

MATRICE ÉLÉMENTALE

Observez les quatre typologies d'énergies en vous et autour de vous. Utilisez cette méthode pour comprendre à 360 degrés ce qui se joue dans les situations difficiles que vous rencontrez et rééquilibrer ainsi les extrêmes observés.

Vous pouvez vous servir de cette matrice pour comprendre et chercher à faire évoluer :

- un trait de caractère ;
- la structure de votre personnalité ;
- les forces et les faiblesses des différents domaines de votre vie (familial, amoureux, professionnel...) ;
- une situation particulière vous préoccupant ;
- une relation insatisfaisante.

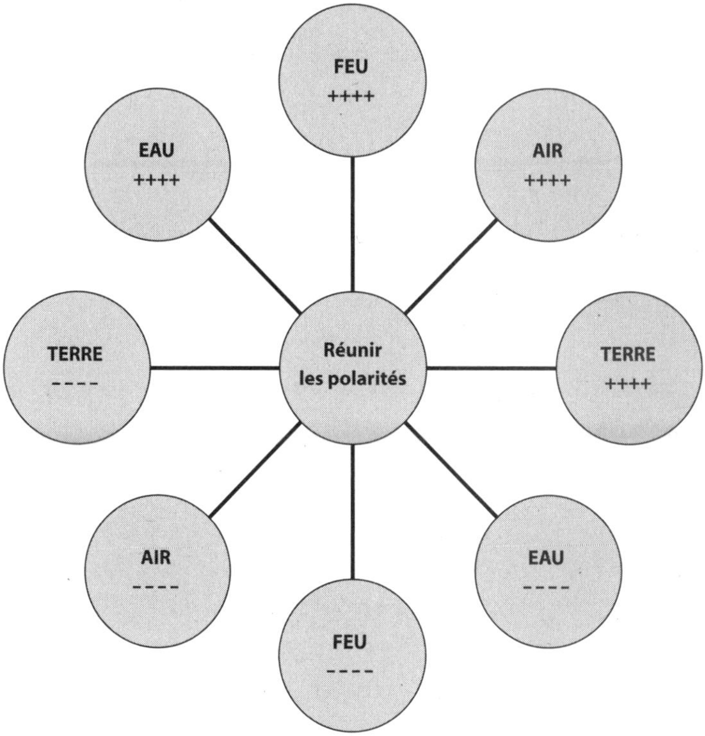

Pour l'âme, rassembler les contraires, réunir les dualités et les polarités en un centre commun, est la meilleure voie permettant de capitaliser sur l'ensemble des ressources élémentales sans négliger une typologie d'énergie.

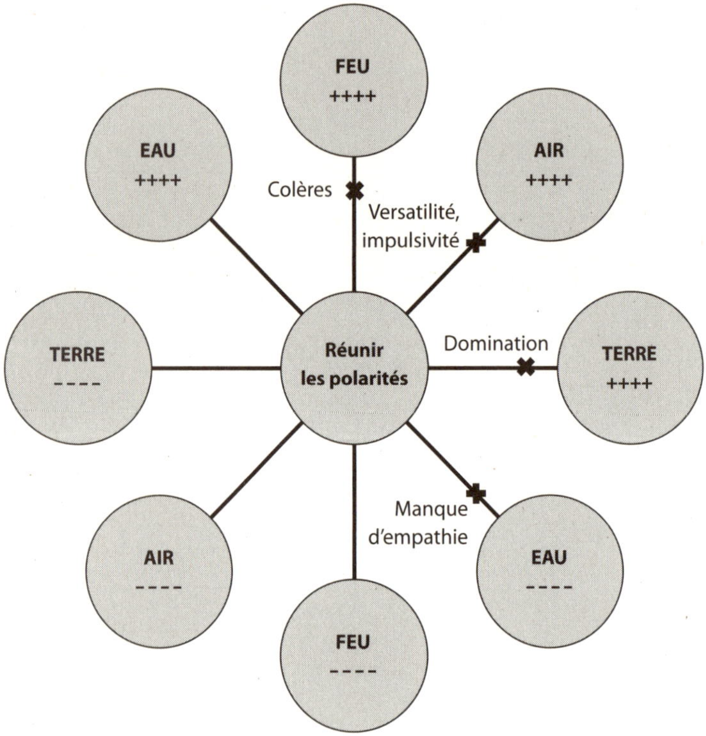

Voici l'exemple d'une personne dominée par des énergies d'excès. Portée par des colères et une personnalité forte, si elle souhaite rééquilibrer ses énergies en excès (feu, terre, air), elle pourra difficilement faire l'impasse d'un travail sur ses énergies d'eau, à la fois pour canaliser ses émotions, mais aussi pour apprendre à considérer l'autre et à l'intégrer respectueusement dans son système de vie.

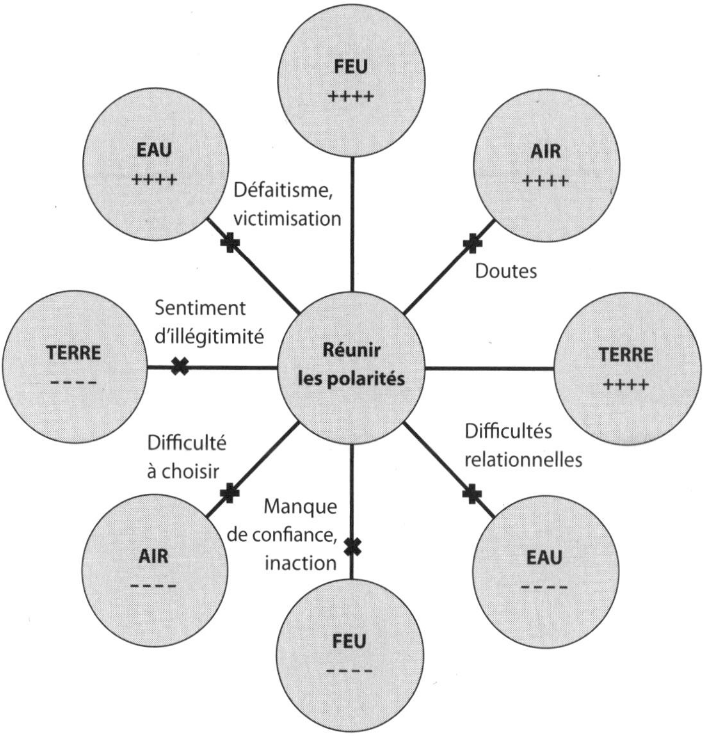

Voici l'exemple d'une personne probablement sensible et guidée par des énergies d'air et d'eau désharmonisées, générant ainsi une sous-utilisation des énergies de terre et de feu. Bien sûr, il est important d'effectuer un travail en conscience sur ce qui limite la bonne utilisation de l'eau et de l'air. Mais c'est aussi en développant la terre et le feu que naturellement les énergies d'eau et d'air se réguleront. Il faut faire et agir (feu) pour apprendre à réaliser et à matérialiser (terre). Le sentiment de légitimité contribuant au rayonnement et au sentiment de confiance s'acquiert via l'action et la réalisation.

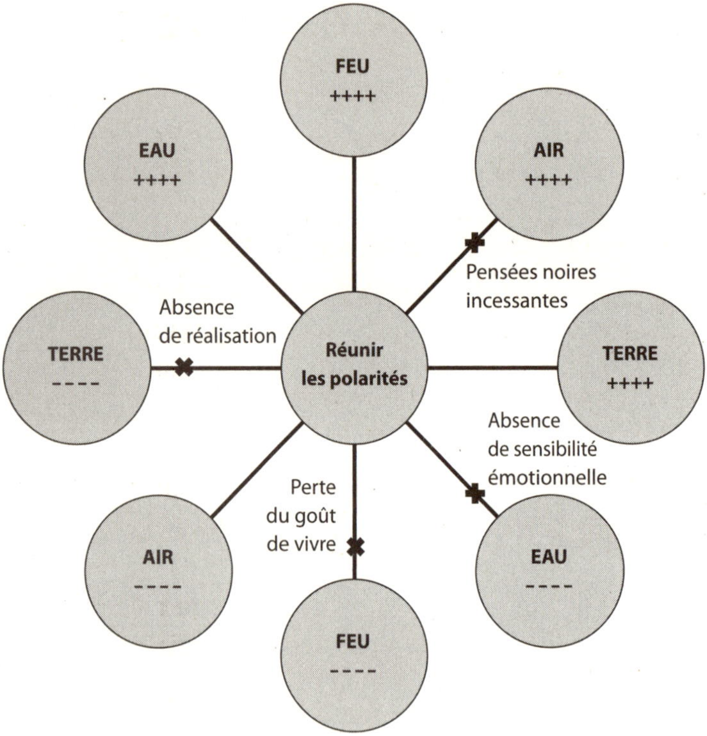

Voici l'exemple d'une personne dont les énergies sont bloquées suite à un traumatisme. Ses énergies d'eau et donc de cœur et de fertilité se sont figées, glacées, par instinct de protection ou par mécanisme de défense. Quand le traumatisme est antérieur à la vie actuelle, c'est celui-ci qu'il convient de libérer pour aider la personne à renaître à la vie.

LES ÉNERGIES PLURIELLES DU CHEMIN DE VIE

« Nous naissons tous riches d'une raison d'être & maîtres d'un chemin à emprunter pour se réaliser pleinement. »

| CHEMIN DE VIE ET LIBRE ARBITRE

Le chemin de vie tel que le dessine l'âme en amont de l'incarnation n'est pas une route toute tracée, avec un futur déjà écrit et des réalisations précises et incontournables préinscrites dans la matière. Il laisse toute latitude à la personne pour choisir au fur et à mesure ce qu'elle souhaite privilégier et poursuivre comme objectif.

Pour imager mon propos, je dirais que le navigateur a toujours le choix de son parcours et des raisons le poussant à prendre la mer. Il peut choisir d'être prudent et ne presque jamais prendre le large ; il peut s'offrir un petit bateau lui permettant d'aller à la pêche le dimanche ou bien un voilier avec lequel il fera le tour du monde. Il peut décider de ses escales et lieux de villégiature. Mais pour se rendre à bon port, quelle que soit sa destination, il tient non seulement compte de son expérience, mais aussi des courants, des vents, des marées et de toutes les conditions extérieures et climatiques. Il ne lui vient pas à l'idée de se dresser face au vent pour avancer, ou d'affronter la tempête sans sécuriser et protéger tout ce qui doit l'être.

Comprendre les énergies de l'âme et son programme d'évolution revient non seulement à connaître ses domaines de maîtrise, mais aussi à posséder l'équivalent d'une carte marine, d'une boussole et d'une station météorologique permettant au fil du chemin de s'orienter plus justement et plus efficacement pour atteindre les buts que l'on se fixe.

Le chemin de vie dans lequel nous nous incarnons ne nous enferme donc pas dans une voie prédéfinie et toute tracée, il ne nous ferme pas de porte. C'est pour cela que je préfère parler de ses énergies puisque ce sont elles qui peuvent influencer le parcours et compliquer les réussites, surtout si nous ne les comprenons pas, si nous ne savons pas décoder leurs messages et alertes.

Les missions poursuivies par l'âme en évolution ne sont pas intrusives vis-à-vis de la vie vécue et elles ne sont pas là pour s'interposer avec nos aspirations profondes. Il est préférable de considérer qu'en comprenant ce que l'âme vient apprendre, on identifie des solutions aux faiblesses et difficultés, tout en se plaçant en capacité d'avancer dans le sens des énergies et des principes universels et spirituels. En allant dans le sens de l'âme, on s'aligne beaucoup plus fluidement sur les énergies de notre chemin de vie, ce qui facilite aussi la poursuite de celui-ci dans le sens des projets qui nous tiennent à cœur. Malgré tout, il convient d'avoir conscience que tout ne nous est pas acquis et que même des énergies fluides ne permettent pas toutes les réalisations.

COMMENT QUESTIONNER LES ÉNERGIES DU CHEMIN DE VIE ?

Les thèmes numérologiques poussés permettent d'approcher les énergies personnelles et karmiques, mais aussi les énergies plurielles du chemin de vie. Sans entrer dans le détail de cette approche, je vous propose de comprendre le principe de l'influence énergétique d'un chemin de vie au travers des neuf premiers types de chemin.

Chacun de ces neuf premiers chemins vibre sous l'énergie d'un nombre et celui-ci lui procure une dynamique particulière qui est à canaliser pour en retirer le meilleur. Évoluer dans l'énergie d'un chemin n'est jamais exclusif des potentialités des autres parcours de vie (par exemple, on peut tout à fait être dans un parcours de réalisation individuelle, tout en accordant une place importante à son couple ou à sa famille) et d'ailleurs, comme je l'ai précisé précédemment, le chemin principal se teinte toujours de cycles et de défis aux vibrations complémentaires, nous obligeant à nous confronter à une palette énergétique bien plus large que celle de la voie principale.

Je vous recommande de lire ces neuf chemins en comprenant que nous sommes tous, à un moment ou à un autre, confrontés à ces neuf vibrations via une mission, un domaine d'évolution, une blessure, un cycle en cours ou un défi. Avec la méthode suivante, je vous propose de calculer a minima les huit vibrations principales de votre chemin. Vous comprendrez ainsi plus concrètement à quel point les énergies extérieures qui vous accompagnent depuis votre naissance sont plurielles et complémentaires. En fonction de la numérologie obtenue, vous pouvez consulter les explications des chemins de vie, mais aussi celles des domaines d'évolutions. L'ensemble de ces informations vous délivrera des pistes de réflexion.

CALCUL DES 9 ÉNERGIES DU CHEMIN

1. Votre chemin de vie

Ce chemin est représenté par une énergie dominante et à celle-ci correspondent un ou plusieurs buts de vie que votre âme a choisi d'emprunter pour cette incarnation. Il ne faut donc pas le perdre de vue, même si les énergies complémentaires que vous pouvez aussi déterminer par calcul numérologique dessinent et colorent le paysage de ce chemin, allant parfois jusqu'à lui donner une autre perspective.

Calcul

Le nombre de votre chemin de vie s'obtient par l'addition des trois nombres composant votre date de naissance.

Exemple : je suis né le 18/11/1970. J'additionne le jour + le mois + l'année : 18 + 11 + 1970 = 1 999.

Il faut ensuite réduire les nombres obtenus jusqu'à arriver à un chiffre entre 1 et 9.

Soit dans l'exemple : 1 + 9 + 9 + 9 = 28 que je réduis : 2 + 8 = 10. Réduire ensuite le 10. 1 + 0 = 1.

Je suis donc en chemin de vie 1.

Astuce

Les nombres intermédiaires déterminés pendant le calcul sont très intéressants à étudier en complémentarité du nombre final déterminé.
Selon mon exemple, je suis dans un chemin de vie que je qualifie de 28/10/1. Pour mener au mieux ma vie dans les énergies du 1, je sais qu'il sera aussi traversé par les énergies du 2 et du 8, j'accorderai donc de l'importance à l'influence de ces deux courants énergétiques complémentaires, car bien souvent, c'est en canalisant cet autre duo d'énergies (2 et 8) que je parviendrai à me réaliser par rapport à mon but de vie (1). Je prendrai également le temps de m'interroger sur ma personnalité et sur mon rapport au feu (1), à l'eau (2) et à la terre (8).

2. L'essence de votre chemin de vie

Elle nuance et influence l'énergie du chemin de vie et vous indique des énergies complémentaires qui seront également présentes et actives pendant votre incarnation.

Calcul

Pour calculer ce nombre, ajoutez votre jour de naissance et votre mois de naissance à votre (nombre du) chemin de vie (CDV).
Dans mon exemple : jour + mois + CVD =
18 + 11 + 1 = 30
Je réduis ce nombre si nécessaire : 3 + 0 = 3.
Pour comprendre cette énergie complémentaire, procédez comme pour les énergies du chemin de

vie, et reportez-vous aux explications des neuf chemins de vie principaux.

3. Les trois phases de votre chemin de vie

Votre âme découpe son projet de vie en trois phases théoriques associées à l'âge. Elle se fixe ainsi des objectifs particuliers pour la première partie de sa vie, pour son stade adulte et pour son cycle d'accomplissement. En fonction de votre âge, prenez donc aussi en compte les énergies spécifiques du cycle dans lequel vous baignez, tout en vérifiant que vous avez bien compris ce qui était à travailler dans les phases précédentes.

Phase n° 1 : de 0 à 29 ans (cycle formatif)

Pour calculer ce nombre, prenez en compte votre mois de naissance.
Exemple : je suis né au mois de novembre (11) = 11
Puis procédez à la réduction, soit : 1 + 1 = 2.
Les énergies de ce premier cycle de 29 ans sont teintées des énergies du 2. Mais pour encore mieux comprendre ce premier cycle 11/2, je prends autant en compte les énergies finales du 2, que celles du double 1.

Analyse possible : alors que je suis en chemin de vie 1, je comprends que mon enfance me confrontera sans doute souvent à des énergies extérieures sensibles qu'il s'agira de maîtriser et canaliser (1 + 1), et à des relations structurantes (via l'autre, représenté par le 2). Le maître nombre 11 indique une forme de connaissance et d'intuition sensible et émotionnelle inspirée par l'eau et le miroir, mais il alerte également sur des risques d'hypersensibilité et des difficultés à apaiser toutes les manifestations émotionnelles qui se présenteront en moi et autour de moi. Il me sera très certainement demandé de réguler et d'harmoniser en moi le yin et le yang, pour mieux vivre les événements de ma vie, surtout sur le plan émotionnel.

Phase n° 2 : de 29 à 57 ans (cycle productif)

Pour calculer ce nombre, prenez en compte votre jour de naissance.
Exemple : je suis né le 18 = 18, soit 1 + 8 = 9.
Les énergies de ce second cycle sont teintées des énergies du 9. Mais pour encore mieux étudier cette période placée sous des énergies de type 18/9 je prends autant en compte les énergies finales du 9, que celles du 1 et du 8.

Analyse possible : alors que je suis par ailleurs en chemin de vie 1, je comprends que le stade adulte de mon incarnation va certainement me conduire à apprendre à m'affirmer par une voie alternative. Une partie de mon chemin nécessite sans doute de faire évoluer ma perception du monde et des enjeux de mon existence. Une forme de prise de conscience ou d'éveil, mais aussi la compréhension que mes actions dépassent ma simple vie peuvent m'aider à trouver ma place ou ma légitimité dans une sphère plus large et moins égotique.

Phase n° 3 : plus de 57 ans (cycle d'accomplissement ou de moisson)

Pour calculer ce nombre, prenez en compte votre année de naissance.

Exemple : je suis né en 1970 = 1970, soit 1 + 9 + 7 + 0 = 17. Puis réduction : 1 + 7 = 8.
Les énergies de ce troisième cycle sont teintées des énergies du 8. Mais pour encore mieux étudier cette période placée sous des énergies de type 17/8 je prends autant en compte les énergies finales du 8, que celles du 1 et du 7.

Analyse possible : alors que je suis par ailleurs en chemin de vie 1, je comprends que cette dernière phase de mon incarnation va me demander d'équilibrer mes énergies de terre (8) et mes énergies plus spirituelles (7). Si pendant l'étape précédente, j'ai continué à vibrer sans tenir compte de la sagesse du 9, j'ai peut-être mené une vie trop dominée par le feu et la terre. Dans ce cas, il me sera demandé de travailler sur mon karma (8) et sur les évolutions souhaitées par l'âme. À l'inverse, si pendant l'étape précédente je me suis réfugiée dans une spiritualité déconnectée des réalités et de toute matérialité, il me sera probablement demandé de faire preuve de réalisme dans mes choix pour bien prendre en compte les problématiques encore présentes dans mon existence. Pour ces deux cas, me poser et faire preuve d'introspection (7) pour comprendre ce qui est à dépasser me sera utile.

4. Les quatre cycles de réalisation de votre vie

Ce sont quatre typologies de sujets sur lesquels il convient de travailler ou, en tout cas, qui sont à ne pas négliger pour poursuivre un chemin de vie fluide. Veiller à l'harmonie des énergies de ces quatre thématiques est essentiel pour ne pas rencontrer de difficultés particulières au cours de votre chemin ou dans vos réalisations personnelles, car si au moment des points de bascule attendus, vous vous sentez à contre-courant de ces sujets, les problématiques peuvent s'amonceler. La réalisation n° 1 (R1) est un domaine qui reste actif tout au long de la vie et qu'il faut prendre en compte pour l'ensemble de son chemin de vie. Ces quatre domaines ne correspondent pas forcément aux karmas d'évolution de votre âme.

Les deuxième et troisième cycles durent 9 ans et la fin du premier cycle se calcule en déduisant de 36 le nombre de votre chemin de vie. Dans mon exemple, le chemin de vie étant 1, la fin du premier cycle est donc 36 - 1 = 35 ans.

R1 de 0 à 35 ans : jour + mois

Dans mon exemple : 18 + 11 = 29, soit 2 + 9 = 11, soit 1 + 1 = 2.

R2 de 35 à 44 ans : jour + année

Dans mon exemple : 18 + 1970 = 1988 = 1 + 9 + 8 + 8 = 26, soit 2 + 6 = 8.

R3 de 44 à 53 ans : R1 + R2

Dans mon exemple : R1 = 2 et R2 = 8, soit 2 + 8 = 10, soit 1 + 0 = 1.

R4 après 53 ans : mois + année

Dans mon exemple : 11 + 1970 = 1981, soit 1 + 9 + 8 + 1 = 19, soit 1 + 9 = 10, soit 1 + 0 = 1.

Pour comprendre ces énergies complémentaires, procédez comme pour les énergies du chemin de vie et de ses trois phases et reportez-vous aux explications des neuf chemins de vies principaux. Vous pouvez également vous référer aux domaines d'évolution de l'âme, afin d'approfondir votre analyse.

Astuces

• Les énergies du chemin de vie, de l'essence du chemin de vie et de la première réalisation (R1) sont actives tout au long de la vie en cours.

• Comprenez l'énergie du chemin et de ses cycles en étudiant non seulement les vibrations des nombres obtenus par réduction, mais aussi celles des nombres intermédiaires.

• Observez s'il y a des répétitions, si des nombres semblent importants à comprendre dans toutes leurs aspérités.

• Même devenu adulte, prenez le temps de revenir sur les objectifs de votre enfance. Il n'est jamais trop tard pour digérer des événements passés, ni pour lever des freins qui n'ont pas pu l'être.

• Quand vous obtenez un 11, un 22 ou un 33 dans vos calculs, il s'agit de maîtres nombres. Leurs énergies sont puissantes et hypersensibles. Ils indiquent généralement un potentiel et une âme ayant déjà acquis une certaine expérience dans l'énergie en question. Mais de ce fait, les situations que la personne incarnée traversera seront à la hauteur de cette expérience et pourront être ultrasensibles. Les difficultés qui se présenteront nécessiteront la plupart du temps une approche sage et tempérée. Vous pouvez réduire les maîtres nombres (par exemple le 11 devient un chemin de vie de type 2), mais ayez toujours en tête que ce qui est attendu par l'âme dans le chemin engagé est à la hauteur de la vibration particulière du nombre concerné.

CHEMIN DE VIE 1

Ce chemin porte en lui une vibration « individuelle » à dominante yang (masculine), une énergie puissante de feu et d'action. Cette particularité énergétique colore l'ensemble du chemin et pousse la personne à initier, à impulser, à agir et à se réaliser personnellement. Il y a dans le chemin une énergie égotique de désir et de volonté qui peut conduire la personne à considérer en premier lieu le monde par son prisme et par son système de référence.

Si lors de ses vies antérieures, l'âme de la personne s'est déjà construit une forte personnalité individualiste, certaines expériences traversées dans la vie en cours seront probablement destinées à lui permettre de se construire une identité plus tempérée en dominant ses pulsions égotiques et en s'ouvrant à la conscience des autres. Il lui faudra peu à peu canaliser le feu, la force et peut-être la colère pour que son affirmation personnelle se fasse plus en douceur, de manière conciliante et ouverte, en prenant davantage en compte l'environnement humain.

À l'inverse, si l'âme de la personne incarnée a eu du mal à imposer sa personnalité lors de ses vies antérieures, ce chemin aux énergies de renouveau sera destiné à l'aider à se forger une identité, un caractère. Guidée par des énergies intérieures de feu peut-être encore en sommeil, elle vivra peut-être difficilement les sollicitations énergiques et fougueuses du chemin, elle aura peut-être envie de se protéger d'une énergie environnante qu'elle ressentira comme agressive ou précipitée. Mais ce chemin sera pour elle l'occasion d'identifier ce qui la fait vibrer et de développer des énergies de confiance et d'action lui permettant de se battre à sa manière pour ce qui lui tient à cœur.

Les défis du chemin de vie 1
Ce chemin de vie n'augure pas d'un parcours solitaire ou individuel. Il ne ferme aucune porte de réalisation personnelle. Il indique simplement que c'est par le bon et juste usage des énergies yang d'action et de réalisation que vous pouvez accomplir vos buts et aller dans le sens de votre mission d'âme. Entre l'excès et le déficit d'action et de feu, c'est l'équilibre intermédiaire qui permet de ne pas devenir aveugle et sourd à l'environnement extérieur, à ses besoins, demandes et contraintes.
Voir aussi le domaine d'évolution vibrant sous l'énergie du 1, p. 129.

CHEMIN DE VIE 2

Ce chemin porte en lui une vibration duale et sensible, à l'énergie yin, féminine et émotionnelle. Cette particularité énergétique fortement influencée par l'élément eau, vous indique que les vibrations du parcours poussent à prendre en compte l'autre et à travailler sur ce qui permet de construire des relations et des associations équilibrées. Dans ce parcours, le couple, et plus largement le binôme, est au cœur des expériences traversées, permettant d'harmoniser tout ce qui est relatif au juste rapport à l'autre, à la canalisation des émotions.

Si l'âme et les énergies de la personne baignent aussi dans une dominante yin, il est fort probable que sa sensibilité individuelle se confrontera souvent aux émotions et aux sentiments provoqués par son parcours de vie. La personne incarnée devra apprendre à dominer l'émotionnel envahissant ou paralysant, qui la pousse peut-être à fuir tout lien avec les autres, à s'oublier ou à nouer des relations de dépendance et d'exclusivité. Les expériences qu'elle rencontrera seront destinées à l'aider à se diriger vers plus d'autonomie et de confiance en elle, sans attendre tout de l'autre.

À l'inverse, si l'âme ou les énergies de la personne vibrent sur une dominante de feu et de yang, la personne devra commencer à intégrer et accepter, en elle et dans son environnement, l'énergie de l'eau. Son apprentissage consistera à ouvrir sa conscience émotionnelle et à respecter la sensibilité des autres. L'énergie du chemin sera souvent destinée à lui faire prendre conscience de la nécessité d'aller vers plus de collaboration, de partage et d'écoute de l'autre.

> ***Les défis du chemin de vie 2***
> ***Ce chemin de vie n'augure pas d'un parcours de sacrifice ou de don de soi, pas plus qu'il n'est la***

garantie d'une vie de couple ou amoureuse réussie. Il ne ferme aucune porte de réalisation personnelle et vous indique simplement que dans tous les domaines de votre vie, même professionnels, la juste prise en compte de l'autre ainsi que la régulation de l'émotionnel seront incontournables pour la réussite de vos projets et votre équilibre intime.
Voir aussi le domaine d'évolution vibrant sous l'énergie du 2, p. 133.

CHEMIN DE VIE 3

Ce chemin porte en lui une vibration naturelle d'air, d'expression et de créativité. Il est destiné à travailler sur l'expression « juste » de soi pour développer une forme de créativité ou un talent artistique (on parle alors d'expression-réalisation), mais aussi pour révéler avec justesse ses émotions et ses sentiments (on parle alors d'expression sensible).

Un bon accomplissement de ce parcours dominé par l'élément air implique cependant de travailler conjointement avec les éléments complémentaires de feu et d'eau. Sans feu et sans désir, il ne peut pas y avoir d'inspiration et de créativité ; sans feu et sans action, il ne peut pas y avoir de création ; sans eau et sans émotion, il n'y a pas de reliance, de sensibilité, de finesse ou d'empathie.

Ce chemin d'incarnation est initiatique, il détermine un point de passage important dans l'exploitation et la maîtrise des énergies. Il demande de trouver au plus profond de soi les ressources et les recettes pour s'aligner en douceur et dans l'équilibre. Au cours de celui-ci, la personne incarnée apprend à composer et à rassembler des énergies différentes et opposées lui permettant, une fois unies et fédérées, de choisir et d'exprimer ce qui lui correspond et lui tient à cœur. Malgré des énergies dominantes favorisant l'extériorisation et l'échange avec les autres, cette voie exige de la personne une introspection régulière pour qu'elle puisse identifier sans se perdre la part d'elle-même qu'elle souhaite mettre en lumière, nourrir et exprimer auprès de ses proches et/ou du monde.

> ***Les défis du chemin de vie 3***
> ***Ce chemin de vie n'augure pas particulièrement d'une vie artistique ou créative, même s'il est bien entendu bordé par des énergies favorisant ce type de réalisation. Beaucoup plus généralement, et dans tous les domaines de la vie, l'apprentissage de ses vibrations permet d'aligner avec justesse et mesure les pensées, les sentiments, les paroles et les actes, car c'est ainsi que l'on se dirige vers une expression de soi libre et sensible, tempérée et sereine.***
> ***Voir aussi le domaine d'évolution vibrant sous l'énergie du 3, p. 136.***

CHEMIN DE VIE 4

Ce chemin porte en lui une vibration de terre qui le teinte parfois d'un sentiment de lourdeur ou de labeur. La personne qui évolue dans les énergies de ce parcours a parfois l'impression de devoir déployer beaucoup d'énergie et de patience pour obtenir des résultats ou un succès. Elle peut avoir aussi la sensation que le domaine professionnel occupe une part importante de sa vie, pouvant l'empêcher de se réaliser de manière équilibrée et simultanée dans plusieurs domaines.

Mais contrairement à ce que l'on peut penser, ce chemin ne limite pas la réalisation de la personne à des aspects professionnels ou matériels. Il la conduit à maîtriser en profondeur les lois et les principes régissant l'ordre et le temps pour qu'elle puisse envisager n'importe quel projet de vie et le mener à bien dans une perspective de stabilité et de pérennité. Les énergies poussent donc à la concentration, à la discipline et à l'organisation. Les expériences traversées sont destinées à faire comprendre que tout est lié et que chaque détail compte. Dans ce chemin-là, il n'est pas question de laisser de côté une énergie. Il importe de les faire fonctionner toutes ensemble, sinon les résultats seront décevants et les réussites se pérenniseront difficilement.

Quand l'âme est en évolution sur ce chemin, elle est souvent dans le même temps en phase de transition, en train de quitter le monde de l'enfance de l'âme pour aller vers un stade plus adulte. Et pour cela, elle commence l'apprentissage de l'usage des énergies de construction. Les expériences qu'elle traverse lui font découvrir qu'il ne suffit pas de souhaiter fortement quelque chose, puis de l'exprimer même très clairement pour qu'une réalisation se produise. Ce chemin la fait travailler sur les cycles de la création et sur la canalisation des énergies de temps, d'ordre et de méthode. Il est important de dépasser le sentiment d'ingratitude que ce chemin fait ressentir pour aller à la découverte de toute la force positive des lois qui l'accompagnent et qui sont gages de succès et d'épanouissement durable.

Quand l'âme est déjà plus expérimentée, c'est un chemin qu'elle peut revenir emprunter parce qu'elle est porteuse d'un karma personnel ou collectif. Dans ses vies antérieures, l'âme a souvent négligé les valeurs et les ressources du travail, se reposant sur les autres ou manquant d'implication, de discipline ou de persévérance. Son attitude irresponsable et superficielle a pu déstabiliser son environnement proche, le faire vivre dans la précarité ou l'insécurité. Les vibrations du parcours sont alors destinées à l'aider à nettoyer ce karma et les sentiments de culpabilité inconscients qui l'accompagnent encore. Dans ce cas, il ne faut pas hésiter à accompagner le travail d'apprentissage en conscience par des soins énergétiques favorisant la libération des âmes impactées par les agissements antérieurs.

> ***Les défis du chemin de vie 4***
> ***Ce chemin de vie ne ferme aucune porte, il est au contraire la clé de nombreuses réussites. Si ses vibrations laborieuses et répétitives poussent à accorder de l'importance au domaine du travail, c'est essentiellement pour apprendre la maîtrise de la loi de la méthode et de celle des cycles.***
> ***Voir aussi le domaine d'évolution vibrant sous l'énergie du 4, p. 139.***

CHEMIN DE VIE 5

Ce chemin porte en lui une vibration d'air et de mouvement qui lui procure un souffle de liberté et parfois une certaine versatilité. Les personnes qui l'empruntent sont souvent soumises à des sollicitations et opportunités importantes, tout comme elles peuvent être tiraillées entre une profonde envie d'indépendance et l'idée de se poser et de construire via un couple ou une famille. Elles sont dans ce parcours pour apprendre à dominer la versatilité et la dualité des énergies et elles y vivent des expériences destinées à comprendre que l'usage de la liberté ne consiste pas systématiquement à aller vers la nouveauté ou le changement, mais à faire des choix assumés et pérennes correspondant à ce qui leur convient profondément.

Quand l'âme est en évolution sur ce sujet, les énergies du chemin vont la pousser peu à peu à privilégier la profondeur de l'expérience à la multiplicité des expériences. Il est question d'accepter le fait que toute orientation, tout choix nécessite de prendre la mesure de l'ensemble de ses facettes et conséquences. Tout ce qui se présente à soi n'est pas systématiquement à vivre. Il s'agit de régler la difficulté des tiraillements et de la confusion de l'esprit pour cheminer vers des choix alignés qui se poursuivront par des expériences plus ancrées et épanouissantes.

Quand l'âme est dans un karma lourd associé à ce type d'énergies, c'est parce qu'elle a antérieurement abusé de ses énergies de liberté via des comportements extrêmes, individualistes et parfois addictifs. En quête de facilité et de superficialité, elle a généralement porté préjudice aux membres de son entourage, les obligeant à se soumettre à ses choix sans se préoccuper de leur sécurité et de leur équilibre. La personne incarnée doit alors faire preuve de stabilité et de fiabilité, car elle vibrera souvent sous des énergies de méfiance et de trahison par le biais de son karma.

Les défis du chemin de vie 5
C'est un chemin très ouvert, aux potentialités multiples, mais il vibre également sur des énergies mobiles rapides et éphémères. Quand l'âme choisit de s'incarner dans les vibrations de ce chemin, son but est d'apprendre à canaliser les énergies de mouvement et à discipliner les pulsions de liberté individuelle pour aller vers un sentiment de liberté plus mûr, plus sage et plus intérieur. Selon sa maturité, il s'agira parfois de travailler sur la versatilité et les pulsions égotiques d'indépendance, ou de développer en soi une sérénité et un ancrage indépendant des événements extérieurs.
Voir aussi le domaine d'évolution vibrant sous l'énergie du 5, p. 142.

CHEMIN DE VIE 6

C'est un chemin que l'on présente souvent en insistant sur sa dimension de paix et d'harmonie, ce qui laisse penser parfois que le parcours sera serein et facile, qu'il promet une vie équilibrée. Mais ce n'est pas systématiquement le cas, car le but de ce chemin consiste plutôt à apprendre à concilier des énergies opposées, l'équilibre et l'harmonie s'obtenant quand on arrive à rassembler positivement et constructivement les contraires. Pour apprendre à tempérer et à concilier, il faut donc nécessairement rencontrer, à un moment ou un autre, des énergies fortes et antagonistes.

Quand l'âme est en évolution sur ce sujet, elle est ici pour canaliser et dominer des énergies d'idéal, d'exigence et de perfection. La personne incarnée vivra des expériences destinées à l'aider à trouver la juste mesure dans les situations et les relations, en s'engageant dans des projets pour la réalité qu'ils représentent et non plus avec l'espoir ou l'envie de changer ce ou ceux qui n'ont pas de raison de l'être.

Quand l'âme est dans un karma lourd sur ce sujet, c'est parce qu'elle n'a pas assumé ses choix et ses engagements par le passé, cherchant sans cesse à changer tout ce qu'elle considérait ne pas aller dans le sens de ses valeurs et standards de réalisation personnelle, quitte à contraindre ou à abandonner les personnes qu'elle associait à ses projets. Elle a manqué de sagesse, d'attention et de responsabilité vis-à-vis de ses choix et de ceux qu'ils concernaient, allant souvent jusqu'à les trahir en secret ou à trahir l'intention de départ. L'âme vibre alors sur un champ énergétique teinté de fortes énergies de justice et de responsabilité, parfois encombré de blessures de trahison. La personne qui se réincarne va alors vivre des situations destinées à lui faire comprendre que l'on est responsable de ce que l'on apprivoise, mais aussi que ce que l'on choisit d'apprivoiser n'est pas destiné à devenir différent de ce qu'il est. Elle doit donc choisir et s'engager pour les bonnes raisons, pour ce que représentent les personnes et les situations, car c'est la seule manière d'assumer ensuite au quotidien la réalité du choix sans vouloir en changer tous les paramètres (ce qui reviendrait alors à nier l'identité profonde des choses ou personnes choisies).

> ***Les défis du chemin de vie 6***
> ***La vibration de ce chemin n'exclut aucun domaine de réalisation, mais ceux-ci seront soumis à des énergies de responsabilité, d'équilibre et de justesse. Il invite à profiter du moment présent et à agir dans l'instant pour aller vers ce qui est bon et juste.***
> ***Voir aussi le domaine d'évolution vibrant sous l'énergie du 6, p. 145.***

CHEMIN DE VIE 7

La vibration naturelle de ce chemin est d'essence spirituelle. Il se caractérise par une énergie plutôt lente, une énergie d'eau et d'air, un souffle de conscience et de connaissance qui pousse à l'apprentissage, à l'introspection et à une certaine forme d'intériorité. Alors que l'énergie du 4 incite à ressentir la matérialité par l'apprentissage des cycles du temps, l'énergie du 7 insuffle au chemin une spiritualité et un besoin de sens. Elle favorise le domaine intellectuel, l'usage des énergies mentales et spirituelles, les études, la réflexion et l'analyse.

Quand l'âme est déjà très naturellement spirituelle et reliée au monde de l'esprit, elle peut choisir de s'incarner dans ce chemin pour apprendre à matérialiser ses pensées, ses travaux de recherche et ses inspirations. Il s'agit alors pour la personne de dompter un mental qui peut devenir source de méfiances, de doutes et de confusion, tout comme il peut éloigner des réalités de la vie en projetant des rêves, des fantasmes ou des pulsions de vie idéalisée. Le but de vie caché derrière les expériences rencontrées consiste alors à équilibrer le monde intérieur et les réalisations extérieures et matérielles pour ne pas seulement vivre sa vie par la pensée, ou en fuyant sa matérialité, mais pour apprécier ce que la pensée fluide et constructive permet de réaliser.

À l'inverse, certaines âmes choisissent ce chemin quand elles ont tendance à privilégier la matière sans le sens, l'image et l'extériorité, le feu et l'action, sans aborder plus profondément les sujets qui les intéressent. Pour évoluer et s'assagir, elles doivent apprendre à spiritualiser la matière, en insufflant à leurs souhaits de réalisation des intentions plus profondes et réfléchies, allant au-delà de l'assouvissement rapide et éphémère des besoins et pulsions. Dans ce parcours, les personnes incarnées peuvent rencontrer des difficultés à comprendre comment utiliser un temps qui peut leur sembler passer lentement, sans action et sans surprise. Pour autant, il ne s'agit absolument pas de vivre dans la passivité, mais plutôt de ne plus aborder seulement la vie par le mouvement et l'action. Il est question de se laisser guider par l'idée et la réflexion, d'étudier les sujets de réalisation pour s'assurer de les maîtriser davantage, de mûrir les plans d'action, mais aussi, ensuite, de vivre intensément la profondeur de l'expérience pour en saisir les leçons, autant en cas de succès que d'échec.

> ***Les défis du chemin de vie 7***
> ***Là encore, ce chemin est ouvert à tous les domaines de réalisation personnelle. Il invite les personnes soumises au doute et au manque de confiance, cherchant des réponses à l'extérieur d'elles-mêmes ou ayant tendance à tout mentaliser, à contacter leur lumière intérieure, source de connaissance et d'intuition, pour établir en elles une forme de guidance confiante et inspirée.***
> ***Voir aussi le domaine d'évolution vibrant sous l'énergie du 7, p. 148.***

CHEMIN DE VIE 8

Ce chemin porte en lui une forte vibration de terre et de matérialité. Les forces en présence, qu'on les retrouve en soi ou qu'elles ne se manifestent que dans les vibrations extérieures des situations rencontrées, sont des énergies de pouvoir et de domination. Elles sont destinées à nous faire travailler sur les lois qui régissent l'abondance, mais aussi sur les sujets de la légitimité et la reconnaissance.

C'est un chemin puissant, qui nécessite d'approcher les situations en transcendant leur dimension matérielle. Il est souvent porteur d'énergies karmiques à comprendre, réguler ou libérer.

Si dans le passé, l'âme a rencontré des difficultés à s'imposer ou à faire rayonner son essence et sa vibration, peut-être parce qu'elle a manqué d'assurance ou de motivation pour poursuivre ses projets personnels, elle se réincarne dans ce chemin pour se frotter à des énergies plus denses qui l'aident à trouver le chemin de la légitimité. Par la terre et la matérialité, elle apprend que c'est en faisant et en expérimentant qu'elle gagne en compétence et en reconnaissance. La personne incarnée rencontrera peut-être des situations la plaçant dans un rapport d'autorité ou de domination dans lequel elle se sentira enfant, inférieure, incapable ou dépendante. Elle en éprouvera de la tristesse, de la colère, un sentiment d'injustice. Il s'agira la plupart du temps de nettoyer des blessures antérieures associées à des parents dominants ou contrôlants, pour aller vers l'émancipation, la confiance et la légitimité.

À l'inverse, quand l'âme s'incarne dans ce chemin parce qu'elle a antérieurement développé un tempérament offensif de domination, c'est parce qu'elle revient nettoyer son karma et équilibrer son besoin de pouvoir et de contrôle. La personne incarnée sera alors souvent confrontée à des rapports de force et à des échecs qu'elle ne s'expliquera pas rationnellement ; elle aura aussi du mal à accéder à l'abondance matérielle et financière.

> ***Les défis du chemin de vie 8***
> ***C'est un chemin d'abondance, de pouvoir et de légitimité. Il représente la voie de la réussite, mais plus on vise un succès important, plus celui-ci est***

conditionné au respect d'une intention dépassant la volonté et le bien-être individuels. Cela revient à dire qu'il est préférable de ne pas viser la réussite individuelle, mais de tendre vers un but positif et constructif moins personnel.
Voir aussi le domaine d'évolution vibrant sous l'énergie du 8, p. 151.

CHEMIN DE VIE 9

Ce chemin porte en lui une forte vibration spirituelle et collective. Il guide vers l'apprentissage de la sagesse intérieure grâce à un cœur vibrant et harmonisé. Il est porté par des énergies d'engagement, d'idéal et de vocation. Il y a dans les vibrations du parcours un fort rayonnement, une dimension transcendante, parfois ésotérique, qui peut faire peur aux âmes rationnelles. On peut se sentir débordé ou illégitime pour incarner ce type de vibrations qui poussent à être et agir pour plus grand que soi.

Au début du chemin, la personne incarnée découvre souvent sa sensibilité et son ouverture au monde. Elle peut tout autant être dans une peur et un rejet de l'extérieur que dans une curiosité et un appétit de découvertes ou de voyages.

Quand l'âme est en accomplissement sur ce sujet, elle est ici pour se réaliser dans la matière tout en incarnant sa vibration profonde, peut-être en activant un don, mais surtout en l'exploitant pour un usage collectif, destiné aux autres et pas seulement pour sa propre

jouissance. La personne s'incarne pour dépasser une vie de simple réalisation individuelle (qu'elle peut tout à fait vivre aussi) et pour donner ou transmettre son énergie sous la forme qu'elle désire. Elle peut donner du temps, de l'écoute, une création, une compétence, peu importe. Il est simplement temps d'endosser une fonction pour la collectivité. Le don n'est pas nécessairement gratuit, la personne peut vivre financièrement de sa compétence, dans la mesure où elle ne détourne pas son aptitude particulière à des fins égotiques ou pour influencer son entourage.
Les vocations peuvent naître très tôt d'un rêve d'enfant, tout comme elles peuvent se révéler beaucoup plus tardivement, par exemple quand elles portent sur l'usage d'un don holistique ou spirituel tel que la médiumnité ou le magnétisme. Mais entre ces deux extrêmes, l'énergie du nombre pousse chacun de nous à s'interroger sur sa vibration profonde, sur ce qu'il est né pour vibrer (relativement à sa famille d'âmes), pour incarner et donc naturellement transmettre. Sourire, aimer, écrire, dessiner, défendre, donner la vie, construire, partager, guérir, relier, enseigner... la vibration n'a pas besoin d'un large public pour être, elle doit simplement être pour ceux qui nous sont proches et que nous côtoyons dans nos environnements privés et publics.

> ***Les défis du chemin de vie 9***
> ***C'est un chemin de sagesse et de maturité. La plupart du temps, il est emprunté par des âmes ayant déjà une certaine expérience. Il suppose d'apprendre à faire un pas de côté pour se relier à une dimension collective, plus vaste que soi, sans pour***

autant se laisser dévorer par elle. L'éveil intérieur qui accompagne le chemin peut être « inspiré » et favoriser une vie conduite par l'exercice d'une passion, d'une vocation ou d'un don particulier.
Mais il peut aussi être plus spécifiquement spirituel et consister à relier les mondes subtils et le monde de la matière en endossant une fonction de canal, de guide, de maître, de passeur, de guérisseur… Dans ce dernier cas, ce n'est pas un chemin qui exclut de vivre une vie classique et active, car pour certaines âmes, il est assez facile de concilier une vie matérielle et personnelle « normale » tout en prêtant leur canal et leur vibration, par exemple pendant leur temps de repos.
Voir aussi le domaine d'évolution vibrant sous l'énergie du 9, p. 154.

LES 9 DOMAINES D'ÉVOLUTION DE L'ÂME

9 DOMAINES D'APPRENTISSAGE

Je vous propose maintenant de découvrir les principaux domaines d'évolution de l'âme auxquels l'ego sera confronté dans sa vie.

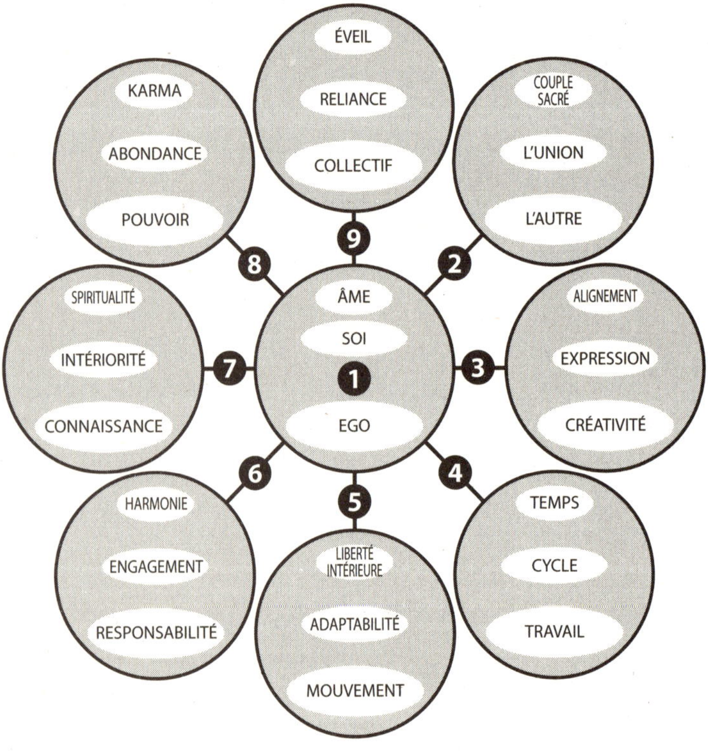

Ce sont neuf domaines d'apprentissages dont chaque thématique se rapporte à un groupe de sujets clés à maîtriser pour mener une incarnation épanouie et alignée.

L'âme étant en évolution et porteuse d'énergies dominantes particulières, elle peut tout à fait être experte dans un domaine et novice dans un autre.

Sur des sujets tels que l'identité, l'expression, le temps, l'équilibre ou encore l'abondance, les thématiques d'évolution indiquent les directions à suivre pour vivre plus sereinement tout en respectant les principes et les lois de l'univers. J'ai choisi de distinguer pour chacun de ces neuf territoires trois paliers de maîtrise, correspondant aux trois stades d'évolution de l'âme (voir p. 30). Au sein de chacun des domaines, le processus d'apprentissage est itératif, la maîtrise du palier supérieur nécessitant généralement l'aisance dans les paliers inférieurs.

Une évolution non linéaire

Dans une vision théorique et ordonnée de l'évolution de l'âme, on peut imaginer que celle-ci se meut au fil des vies vécues en allant du point 1 au point 9 et en respectant l'ordre chronologique du cheminement, puis en recommençant au second niveau du point 1 jusqu'au point 9, pour ensuite passer au troisième degré d'apprentissage. Mais en réalité, les âmes cheminent en fonction des expériences rencontrées et selon leurs actions et réactions. Très vite, elles se retrouvent en maîtrise d'un principe sans avoir le même savoir-faire sur tous les sujets. Ceci crée et explique ces différents stades de maturité selon les domaines.

Chaque domaine d'évolution :

- vibre sous des énergies dominantes ;

- requiert un usage particulier de certaines énergies ;
- pousse à expérimenter certaines situations pour travailler sur ses thématiques importantes ;
- est régi par des principes spirituels.

Certains de ces neuf domaines sont des points de passages clés pour l'évolution de l'âme et ils vibrent donc très sensiblement dans le champ énergétique d'une personne quand elle s'est tout particulièrement incarnée pour passer un cap ou un palier. Cela ne signifie pas pour autant systématiquement que la personne porte dans son champ énergétique de lourdes blessures karmiques relatives à ces sujets.

COMMENT QUESTIONNER LES ÉNERGIES DES DOMAINES ?

Nous sommes tous confrontés aux diverses vibrations de ces différents domaines. Certains nous sont plus familiers que d'autres, mais ils vibrent tous dans notre environnement, soit par capillarité quand un des domaines est clé pour l'un de nos proches, soit parce que les situations traversées nous demandent de nous pencher plus spécifiquement sur l'un d'entre eux. Il est donc intéressant et recommandé de s'intéresser à chacun d'eux, quelle que soit la maîtrise que nous en avons, afin de mieux comprendre leurs interactions et leurs lois.

Là encore, quand l'âme se fixe des objectifs d'apprentissage et d'évolution sur un thème particulier, ce n'est pas destiné à limiter la réalisation de la personne. Au contraire, quand elle se penche sur le sujet d'évolution, elle peut plutôt y découvrir des recettes ou des guidances lui permettant de cheminer dans le sens des énergies et d'une conscience alignée. S'aligner sur les buts spirituels de l'âme n'implique pas de renoncer à une réalisation personnelle.

Ressentir le stade de maturité de votre âme au sein de chacun des domaines de réalisation est important parce que cela vous permet de pointer plus finement les sujets d'évolution qu'elle vient expérimenter et les typologies d'énergies qui vont se présenter à vous pour ce travail d'apprentissage.

Les schémas qui suivent sur chacun des neuf thèmes développent les acquisitions de ressources qui sont en jeu pour que votre âme s'aligne de mieux en mieux en elle et s'ancre positivement dans le monde. Vous seul pouvez intiment ressentir si vous vous sentez à l'aise par rapport aux sujets qui sont évoqués ou bien s'ils vous semblent encore en cours d'apprentissage.

| DOMAINE 1, L'IDENTITÉ, LA VIBRATION FLUIDE DE SOI

Ce domaine vibre sur les mêmes types d'énergies que celles du chemin de vie 1 (voir p. 109). Vous pouvez donc relire les énergies de ce chemin pour comprendre ce qui se joue dans ces vibrations.

Énergie dominante :
le feu, énergie active yang et solaire.

DOMAINE 1

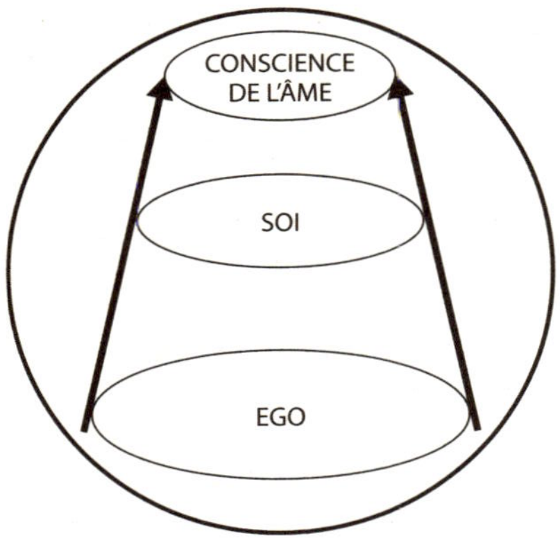

	FEU → LUMIÈRE	
Dépassement de l'ego	CONSCIENCE DE L'ÂME	Accès à un sens de la vie et de l'existence dépassant la personne
Évolution et gestion de l'ego dans son environnement multiple	SOI	Confrontation et construction du «je» avec son environnement extérieur. Trouver sa juste place
Développement d'un ego, d'un caractère porteur de certaines énergies dominantes	EGO	C'est le «je» qui prime

Énergies complémentaires requises :
l'eau, énergie yin.

Objectifs : être soi dans un rapport sain, libre et équilibré aux autres, sans besoin de puissance, de domination ou de contrôle, sans envie de soumettre ou de soumission, de dépendance ou de possessivité, sans colère ou tristesse durables. Vibrer avec confiance sa lumière sans éteindre celle des autres.

Sujets de travail :

- construction identitaire, puis travail sur l'individuation, afin de se sentir aligné et responsable de ses choix et actions ;
- équilibre de la confiance, des désirs, de la volonté et de l'action ;
- union et harmonisation des éléments feu et eau permettant de réguler l'action/l'inaction via la tempérance, mais aussi de limiter le développement d'une personnalité égotique et dominante ou à l'inverse timorée, passive ou soumise (voir p. 81 et 89).

Principes de vie :

- viser un état d'équilibre permettant de nourrir un sentiment intime de sécurité/sérénité aide à poser les bases d'une personnalité rayonnante et pondérée. Il est donc important de travailler sur tout ce qui génère des comportements extrêmes, de l'instabilité et un manque de confiance en soi ou en les autres ;
- pour les personnes manquant de confiance en elles, agir (pour mettre en place) est le meilleur moyen de

dépasser une peur ou une paralysie émotionnelle ou mentale ;

- chacun a la responsabilité de ses choix et de ses actions et a toujours la main sur la manière dont il aborde un problème. Prendre conscience du libre arbitre évite donc de se replier dans une posture extrême en se déresponsabilisant ou en cherchant à influencer l'autre. Un bon usage du libre arbitre consiste à faire des choix positifs en évitant de poursuivre un but négatif. Par exemple, faire le choix de gagner en confiance en soi est tout autre chose que de choisir de ne plus se laisser marcher sur les pieds : les actions mises en place ne se ressembleront pas ;
- accepter l'idée qu'une volonté supérieure peut prévaloir aux désirs personnels permet de comprendre que certains de nos choix, quand ils ne se réalisent pas, ne correspondent sans doute pas au meilleur bien-être ou équilibre collectif.

> ***LES DÉFIS KARMIQUES DU DOMAINE 1***
> ***Ce domaine invite à libérer et soigner les blessures prénatales (antérieures à la vie en cours), souvent associées à la domination psychologique, matérielle et parfois physique de l'un des deux parents : père violent, agressif, contrôlant, par exemple.***

| DOMAINE 2, LE MIROIR ET L'INCONDITIONNALITÉ DES SENTIMENTS

Ce domaine vibre sur les mêmes types d'énergies que celles du chemin de vie 2 (voir p. 110). Vous pouvez relire les énergies de ce chemin pour comprendre ce qui se joue dans ces vibrations.

Énergie dominante :
l'eau, énergie passive yin et lunaire.

Énergies complémentaires requises :
le feu, énergie yang.

Objectifs : vibrer sa sensibilité émotionnelle sans en ressentir les handicaps. Cheminer vers l'ouverture du cœur et l'alignement des sentiments. Aller vers l'inconditionnalité des liens et des relations. Réunir les polarités yin/yang.

Sujets de travail :

- la juste relation à l'autre ;
- l'association et l'union ou encore toutes les collaborations équilibrées ;
- la gestion de la sensibilité et de l'émotionnel en acceptant sa polarité affective et sa dimension yin, sans se sentir « attaqué » par l'environnement extérieur ou dépendant des autres ;
- l'union et l'harmonisation des éléments eau et feu permettant de réguler les dimensions passives/actives de soi, mais aussi de limiter le développement

DOMAINE 2

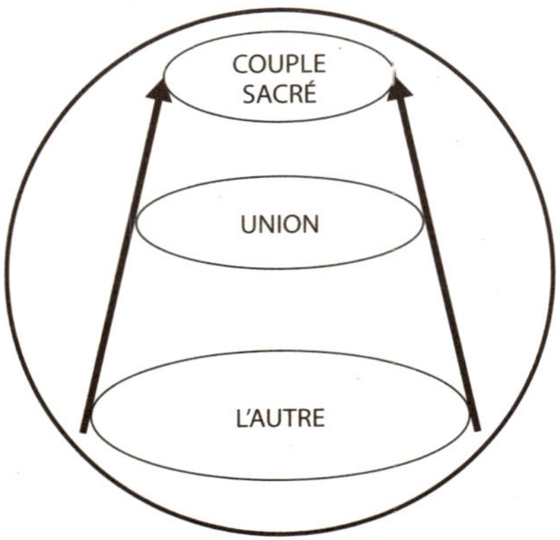

	SENTIMENT ↑	
Gestion de la dualité	COUPLE sacré	Réunion des polarités : Par exemple • Yin et yang • Eau et feu
Gestion du système émotionnel et affectif	UNION association	Sur le plan relationnel, expérimenter le juste milieu entre : • Sacrifice, oubli et don de soi • Contrôle, autorité et domination de l'autre
Apprentissage du miroir : • Par l'autre, je comprends qui je suis	L'AUTRE	Sur le plan émotionnel, expérimenter le juste milieu entre : • Dépendance affective, possessivité et besoin d'exclusivité • Besoin d'indépendance, abandon et fuite de l'autre
	EAU	

d'une personnalité vulnérable et sacrificielle ou, à l'inverse, trop autocentrée ;
- l'apprentissage de la digestion émotionnelle ;
- l'individuation.

Principes de vie :
- viser l'équilibre dans la relation à l'autre (pas de don ou de sacrifice de soi, pas de dépendance affective ni de possessivité, mais pas non plus de fuite de l'autre ou de repli sur soi) ;
- pour les personnes ayant une tendance à la passivité, à l'effacement ou au manque de confiance en elles, agir (pour mettre en place) est le seul moyen de dépasser une peur ou une paralysie émotionnelle ou mentale ;
- ne pas surinvestir le domaine affectif en dépassant les responsabilités qui incombent à chacun évite de basculer dans une posture de sauveur ou de victime ;
- comprendre la loi des cycles permet de gérer plus efficacement les hauts et les bas de la vie ou d'un moral parfois lunatique sans aller vers le défaitisme, la victimisation ou la dévalorisation de soi.

LES DÉFIS KARMIQUES DU DOMAINE 2

Ce domaine encourage à libérer et soigner des blessures prénatales empêchant l'âme de mûrir ou de s'émanciper : enfances antérieures vécues dans une dépendance forte à la mère ou aux parents, par exemple.

DOMAINE 3, L'EXPRESSION ET L'ALIGNEMENT DE SOI

Ce domaine vibre sur les mêmes types d'énergies que celles du chemin de vie 3 (voir p. 112). Vous pouvez relire les énergies de ce chemin pour comprendre ce qui se joue dans ces vibrations.

Énergie dominante :
l'air, énergie mobile.

Énergies complémentaires requises :
le feu et l'eau.

Objectifs : déterminer ses modes d'expression, ceux qui alignent tout en restituant la vibration intérieure de la personne, ceux qui contribuent au sentiment de réalisation et d'accomplissement. Développer et harmoniser l'expression émotionnelle et affective.

Sujets de travail :
- la communication et les échanges humains ;
- l'expression sensible de soi autant sur les plans émotionnels que créateurs ;
- l'utilisation des énergies créatives et inspirées ;
- l'enfant intérieur et la maturité, l'autonomie et l'émancipation, le processus d'individuation.

Principes de vie :
- pour viser le juste milieu entre confiance absolue et doute de soi, il est essentiel de dominer les vibra-

DOMAINE 3

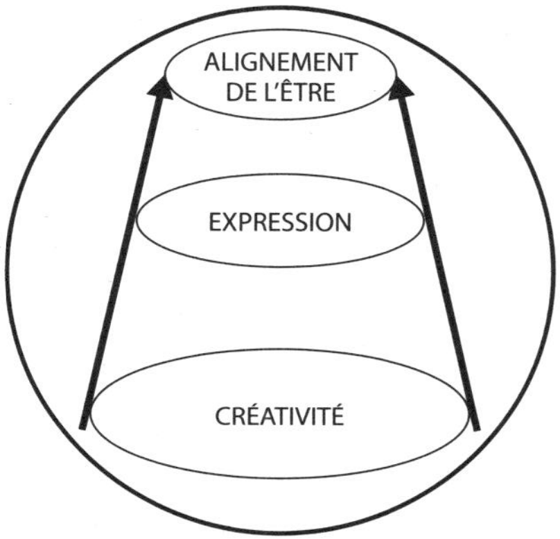

Aspirations et inspiration

Apprentissage et canalisation
de la sensibilité

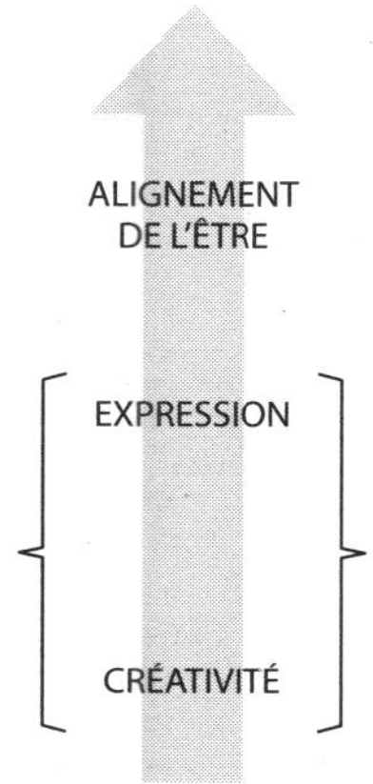

Guidance intérieure par le cœur,
pour une cohérence :

- Idée
- Parole
- Action

Image, parole et communication :

- Au-delà du monde du paraître,
(s')exprimer sensiblement et avec mesure

Ouvrir et canaliser :

- L'expression sensible et émotionnelle
- L'expression créative et artistique

tions parfois extrêmes, partiales et subjectives de nos énergies sensibles et émotionnelles ;

- pour les personnes ayant tendance à penser qu'il suffit d'exprimer son ressenti ou sa volonté pour que les situations évoluent dans le sens choisi, il est important d'intégrer la nécessité d'une action personnelle et engagée ;
- prendre conscience du libre arbitre et du pouvoir d'action évite de se replier dans une posture immature en se déresponsabilisant de ce qui se produit. Chacun a la responsabilité de ses décisions et de ses actions et a toujours le choix de la manière dont il aborde un sujet ou un projet pour le mener à terme. Ce principe est important pour ce domaine d'évolution, parce que les âmes qui sont en travail sur ce domaine le sont souvent parce qu'elles ont encore quelque chose à régler vis-à-vis d'une forme de jeunesse (âme jeune) ou d'immaturité (manque de compréhension de ce qui se joue réellement et manque d'implication sage ou mesurée). Elles ont donc souvent du mal à reconnaître la réalité de leur champ d'action et de responsabilités ;
- pour viser un alignement entre les idées, les paroles, les actes et les sentiments, il est préférable de travailler sur soi avec honnêteté et intégrité. Cela commence toujours par se reconnaître et s'accepter tel que l'on est, sans fuir les réalités qui nous dérangent, sans composer avec notre image et notre être. Sinon, il sera toujours compliqué de se sentir bien intérieurement et extérieurement.

LES DÉFIS KARMIQUES DU DOMAINE 3
Ce domaine pousse à libérer et soigner les blessures prénatales empêchant l'âme de s'exprimer, de mûrir ou de s'émanciper, mais aussi à travailler sur les karmas familiaux associés à des non-dits, des mensonges, des trahisons, des secrets de famille.

DOMAINE 4, LE TEMPS ET L'ORDRE

Ce domaine vibre sur les mêmes types d'énergies que celles du chemin de vie 4 (voir p. 113). Vous pouvez relire les énergies de ce chemin pour comprendre ce qui se joue dans ces vibrations.

Énergie dominante :
la terre, énergie lourde, stable, cyclique.

Énergies complémentaires requises :
les trois autres éléments.

Objectifs : expérimenter le temps et la loi des cycles, apprendre à en faire une source de matérialisation et de réussite par l'engagement de soi actif, positif et concentré. Atteindre les objectifs fixés par l'implication, la concentration et la persévérance (et non l'obstination). Concilier le plaisir et le travail.

Sujets de travail :

- apprentissage de l'effort, de l'organisation et de la méthode (apprivoiser les énergies du travail afin de faciliter la matérialisation des idées et des projets) ;

DOMAINE 4

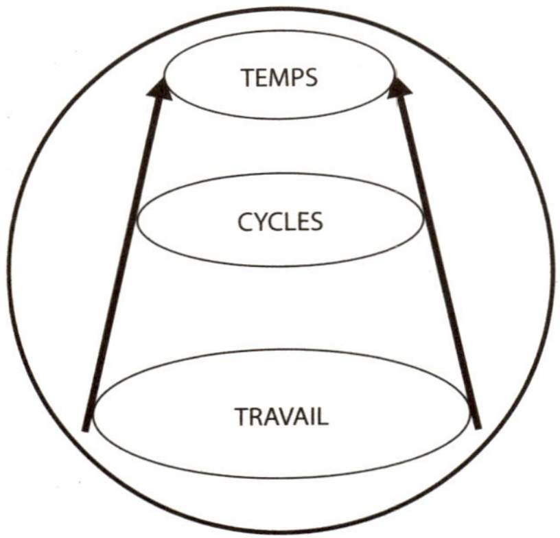

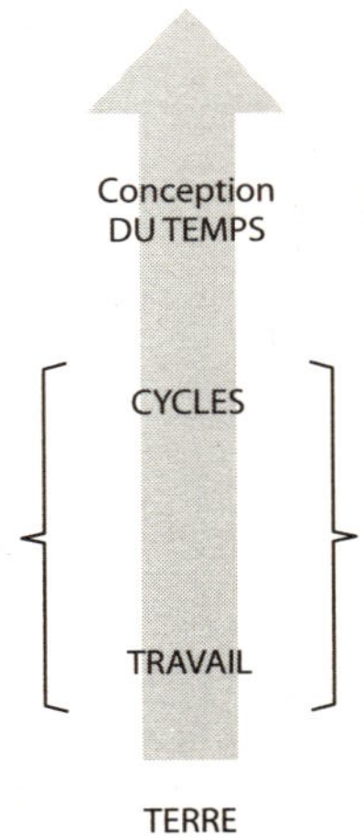

Le temps n'existe pas

Passé et futur n'existent pas :
- Seul l'instant présent est porteur de ce qui a été, de ce qui peut être

Ancrage, sécurité et fondations

Apprentissage du temps et des cycles :
- Ordre naturel
- Patience/Impatience

Canalisation des énergies d'ancrage et de structure :
- Méthode
- Discipline
- Concentration

- apprentissage de la concentration et de la discipline comme autant de clés et de moyens pour atteindre ses objectifs ;
- développement du sens du détail et de la précision pour éviter les grains de sable qui bloquent les rouages ;
- gestion du temps et compréhension des cycles de vie ou de création, pour canaliser l'impatience et l'envie de brûler les étapes.

Principes de vie :
- travailler sur la clarté de l'esprit, source quotidienne d'inspiration et de guidance. Pour cela, éviter un excès d'austérité et de rigidité (trop de procédures ou d'actions mécaniques, par exemple) laissant peu de place à l'adaptation et la captation de l'inspiration ; sans pour autant se laisser déborder par un émotionnel versatile, vecteur de confusions et de doutes ;
- organiser et baliser le chemin permet d'atteindre les buts fixés grâce à des étapes intermédiaires concrètes, simples et suffisamment rapprochées, sans pour autant perdre de vue le sens positif et plaisant de l'objectif final ;
- ancrer les bonnes habitudes favorisant l'organisation, la concentration et la discipline par des rituels et des routines permettant de tenir sur le long terme les résolutions et les engagements ;
- pour ne pas se décourager, comprendre la loi des cycles permet de mieux cerner le processus de création et de gérer plus efficacement les hauts et les bas

naturels de la vie, les envies de renoncer et un moral parfois lunatique.

LES DÉFIS KARMIQUES DU DOMAINE 4
Ce domaine favorise la libération et le nettoyage des blessures prénatales associées à des peurs liées à des manques de stabilité, d'absence de cadres ou, à l'inverse, générées par des attitudes rigides et fermées. Il permet aussi de digérer des sentiments antérieurs de culpabilité.

DOMAINE 5, LE MOUVEMENT ET LA LIBERTÉ INTÉRIEURE

Ce domaine vibre sur les mêmes types d'énergies que celles du chemin de vie 5 (voir p. 116). Vous pouvez relire les énergies de ce chemin pour comprendre ce qui se joue dans ces vibrations.

Énergie dominante :
l'air.

Énergies complémentaires requises :
les trois autres éléments.

Objectifs : apprendre à faire les bons choix. Accepter que ceux-ci « ancrent » et, de ce fait, privent nécessairement d'une forme de liberté absolue. Se diriger vers des choix de vie, mesurés et acceptés dans leur entièreté, tout en respectant les besoins et les choix des autres.

DOMAINE 5

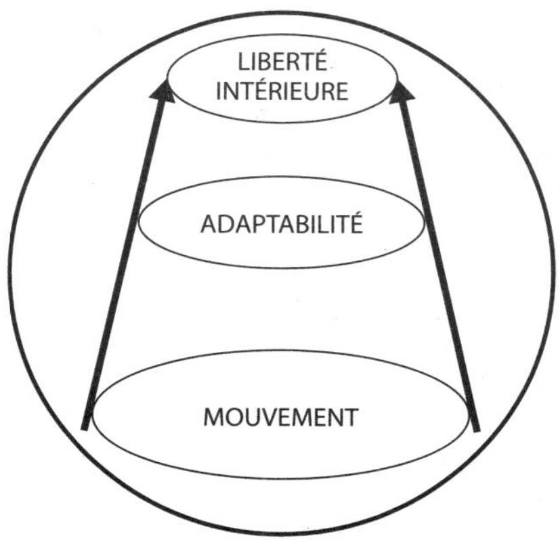

Choix et équilibre

Mental et libertés

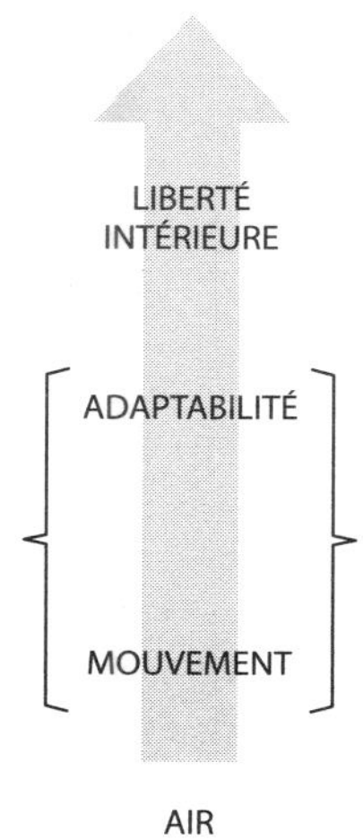

De la liberté individuelle
à la liberté intérieure

Maîtrise des énergies mentales :
- Versatilité / Paralysie
- Hésitations, confusions, indécisions
- Fausses croyances

Gestion des énergies extérieures :
- Souplesse
- Ancrage
- Résilience

Prendre en compte l'entourage et les besoins de ceux avec lesquels on choisit de s'unir.

Sujets de travail :

- apprentissage du bon usage de la liberté individuelle et personnelle ;
- confrontation aux aléas de la vie, aux contraintes extérieures mais aussi à la liberté inaliénable des autres pour comprendre comment poursuivre un but de vie dans la durée et sans versatilité, tout en s'adaptant aux contextes prévisibles et incontournables de la réalité.

Principes de vie :

- viser le juste équilibre entre une quête idéale et fantasmée d'indépendance et de liberté et (à l'inverse) des relations de dépendance et de renoncement ;
- matérialiser les aspirations profondes en effectuant les choix de vie nécessaires, tout en mettant en place l'organisation matérielle permettant de les accomplir de manière pérenne.

LES DÉFIS KARMIQUES DU DOMAINE 5

Libérer et nettoyer des blessures prénatales associées à des changements intempestifs et des excès (une vie antérieure au sein d'un foyer soumis à des bouleversements répétés et non maîtrisés, générant une absence totale de repères, ou une tendance à systématiquement fuir et abandonner les points d'ancrage, par exemple).

DOMAINE 6, L'ÉQUILIBRE ET L'HARMONIE

Ce domaine vibre sur les mêmes types d'énergies que celles du chemin de vie 6 (voir p. 117). Vous pouvez relire les énergies de ce chemin pour comprendre ce qui se joue dans ces vibrations.

Énergie dominante :
toutes les énergies sont à canaliser ensemble, à rassembler et non plus à opposer. L'harmonie naît de la capacité à concilier et à faire des choix intègres et justes tenant compte des deux facettes que comporte chaque médaille.

Énergies complémentaires requises :
les quatre éléments ensemble.

Objectifs : cheminer vers ce qui est « juste » en prenant en compte tous les paramètres d'une réalité. Apprendre le discernement, l'équilibre et l'engagement individuel en évitant de se retrancher dans un projet de vie conceptualisé ou fantasmé. Approcher la mesure et la tempérance pour ne pas vibrer sur des extrêmes et des idéaux finalement injustes ou inatteignables, car en se plaçant dans une quête d'absolu, on se coupe des réalités du monde et des personnes qui nous entourent, et on finit par demander aux autres ou à soi bien davantage que ce qu'il est possible d'exiger.

Sujets de travail :
- la responsabilité et l'engagement ;
- la perfection et l'imperfection ;

DOMAINE 6

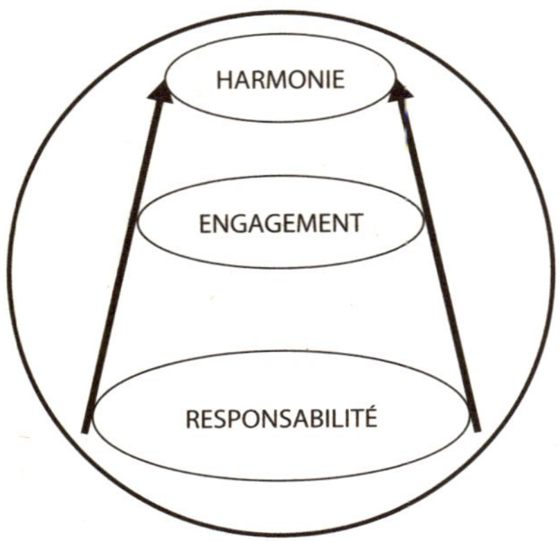

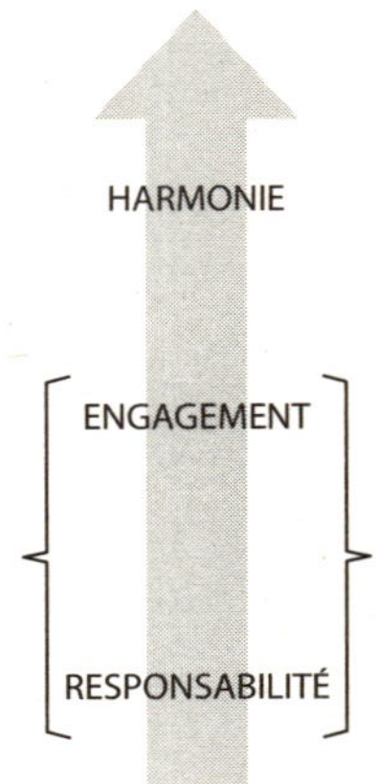

Respect du bien-être Général.
Ce qui est bon pour soi n'est pas nécessairement juste pour tous

Équilibre et paix intérieure

Nos choix nous engagent

Vision juste et acceptation de la réalité des choix :

- De la projection d'un idéal au choix d'une réalité possible
- Engagements et devoirs responsables, sincères et intègres

- l'idéal et la réalité ;
- la justice et la trahison.

Principes de vie :

- viser l'équilibre entre un besoin d'idéal ou de perfection et une vision sombre et pessimiste voire nihiliste de la vie. Pour cela, apprendre à accepter les réalités et à discerner la beauté et l'harmonie dans ce qui est. Ne pas projeter dans les désirs et les exigences ce qui n'est pas possible ;
- faire des choix de vie en s'engageant pour ce qui est et surtout pas pour ce que l'on aimerait est souvent la meilleure manière d'accepter durablement les situations et les autres comme ils sont, sans ensuite chercher à tout changer ;
- s'impliquer avec ses plus belles énergies dans chaque instant présent pour en faire un moment de sérénité et d'harmonie, permet de ne pas reporter à un futur qui n'est pas, ce qui peut déjà être et exister.

LES DÉFIS KARMIQUES DU DOMAINE 6

Ce domaine invite à libérer et nettoyer des blessures prénatales associées à des absences d'engagements ou de responsabilités (attitudes irresponsables, égoïstes, immatures) ou à des situations de pressions très fortes vécues dans l'entourage familial (exigences, perfectionnisme). Il peut aussi permettre de libérer les karmas familiaux et les secrets de familles, ainsi que toutes les blessures relatives aux injustices et à la trahison.

DOMAINE 7, LES SOURCES DU SAVOIR ET LA SPIRITUALITÉ

Ce domaine vibre sur les mêmes types d'énergies que celles du chemin de vie 7 (voir p. 119). Vous pouvez relire les énergies de ce chemin pour comprendre ce qui se joue dans ces vibrations.

Énergies dominantes :
l'eau et l'air.

Énergies complémentaires requises :
les deux autres éléments.

Objectifs : canalisation des énergies mentales et spirituelles pour les exploiter à des fins positives d'acquisition d'expériences. C'est cela qui évite la connaissance pour la connaissance ou la fuite de la matérialité de l'existence en se réfugiant dans un monde purement mental, spirituel, rêvé ou fantasmé. Il s'agit de ne pas fuir les expériences de vie, de ne pas se limiter à la mentalisation ou à la conceptualisation de l'existence, de vivre et oser vivre, avec confiance et foi.

Sujets de travail :

- approcher la connaissance par l'étude des domaines qui attirent, mais aussi par un travail plus intériorisé et intime favorisant l'inspiration et la connexion naturelle aux sujets étudiés ;
- développer équitablement les deux sources de connaissances et de légitimité (par l'étude et l'usage du mental, mais aussi par l'apprentissage concret et l'acquisition d'expériences dans la matière) ;

DOMAINE 7

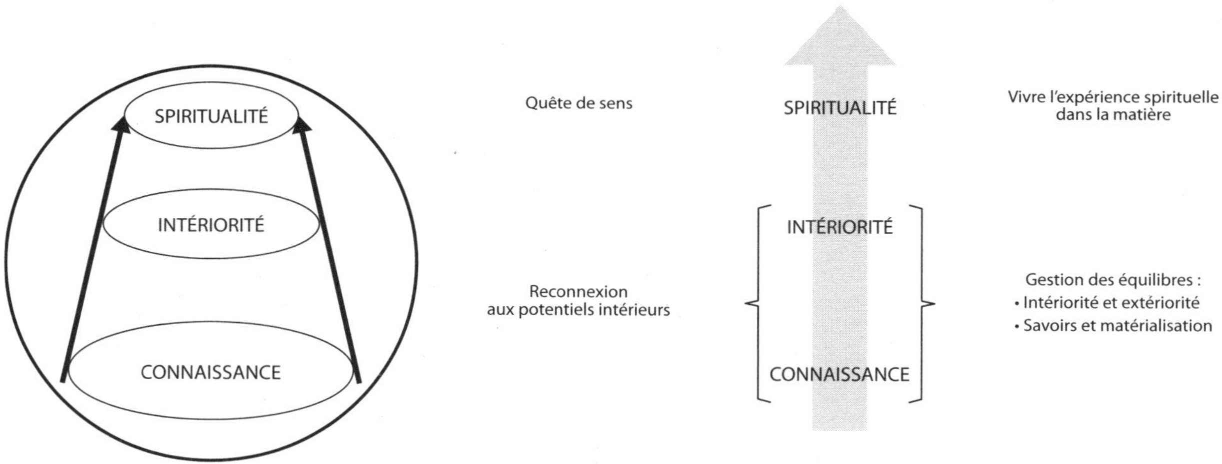
SPIRITUALITÉ
INTÉRIORITÉ
CONNAISSANCE
Quête de sens
Reconnexion aux potentiels intérieurs
SPIRITUALITÉ
INTÉRIORITÉ
CONNAISSANCE
Vivre l'expérience spirituelle dans la matière
Gestion des équilibres :
• Intériorité et extériorité
• Savoirs et matérialisation

- gérer les équilibres introspection/extériorité, spiritualité/matérialité ;
- favoriser la vision juste et non fantasmée des choses ;
- expérimenter la foi et le lâcher-prise.

Principes de vie :

- viser l'équilibre permettant d'éviter une forme d'innocence et de crédulité enfantine conduisant à entretenir une vision fausse du monde et de ses réalités, sans pour autant tomber dans une méfiance absolue aboutissant à s'isoler des autres, à s'enfermer dans une tour d'ivoire ou dans un monde dématérialisé ;
- croire en ce qui semble important pour le matérialiser (foi), mais ne pas oublier d'agir pour le réaliser (pouvoir d'action) ;
- dépasser les confusions d'un mental en proie aux doutes en s'en remettant à plus grand que soi, dès lors que l'on a fait tout ce qu'il convenait de faire pour atteindre ses buts (lâcher-prise).

> ***LES DÉFIS KARMIQUES DU DOMAINE 7***
> ***Ce domaine pousse à libérer et nettoyer des blessures prénatales associées à l'absence de reconnaissance ou de présence maternelle. Quand il indique une difficulté d'ancrage dans la matière, il suggère parfois un sentiment et des blessures d'abandon (notamment vis-à-vis de la source) conduisant à rendre difficiles l'envie d'incarnation et le sentiment de légitimité.***

DOMAINE 8, L'ACCÈS À L'ABONDANCE

Ce domaine vibre sur les mêmes types d'énergies que celles du chemin de vie 8 (voir p. 121). Vous pouvez relire les énergies de ce chemin pour comprendre ce qui se joue dans ces vibrations.

Énergies dominantes :
la terre et souvent le feu.

Énergies complémentaires requises :
les autres éléments.

Objectifs : réguler l'être et l'avoir. Expérimenter la loi des cycles et les conditions d'accès à l'abondance. Apprendre à donner du sens, un esprit de partage et du sentiment à ses envies de pouvoir. Dépasser les buts personnels et viser un bien commun plus large que soi. Ne pas faire du succès et de la réussite une finalité.

Sujets de travail :
- l'équilibre des forces de la matière ;
- la maîtrise des énergies de pouvoir et de réalisation ;
- ce domaine confronte aussi aux énergies karmiques et à tous les excès à évacuer, aux blessures antérieures portées ou reçues, infligées par des âmes allant souvent à l'encontre des principes universels.

Principes de vie :
- viser l'équilibre et la stabilité matérielle, sans pour

DOMAINE 8

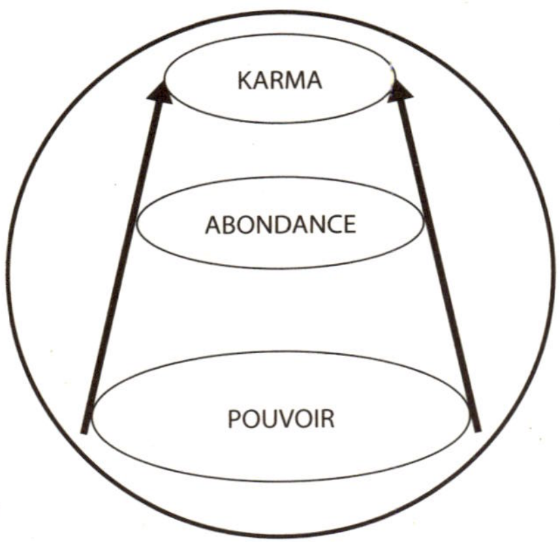

S'aligner sur les défis et missions de l'âme

Reconnaître les énergies en présence pour cheminer dans le sens du flux

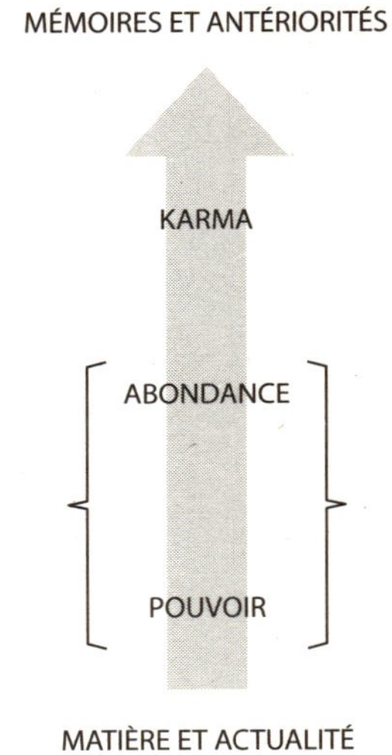

Manifestations karmiques (et transgénérationnelles) :

- Distinction entre symptômes et conséquences
- Acceptation du travail à effectuer pour lever le blocage, la mémoire, la blessure ou la dette originelle

Compréhension et acceptation des énergies de matérialisation :

- Contrôle et maîtrise
- Domination et lâcher prise
- Ego, volonté individuelle et intérêt collectif

autant se placer dans un objectif extrême de domination, de possession ou de réussite ;

- faire ce qui est juste et raisonnable, non seulement pour soi, mais pour l'ensemble du projet ou du problème, car la réussite et l'abondance sont favorisées par les comportements engagés, responsables, intègres et alignés ;
- éviter de multiplier les comportements négatifs en choisissant d'agir pour de bonnes raisons. Ne pas agir durablement sous le coup de colères ou par besoin de revanche et de légitimité, ne pas non plus opter pour un état d'esprit passif et défaitiste ;
- identifier et affronter les peurs intérieures tapies au fond de soi pour éviter de développer des attitudes extrêmes et souvent destructrices vis-à-vis de l'environnement et des relations ;
- comprendre l'intérêt du lâcher-prise pour ne pas être dans une obstination fière et sans issue ; au contraire, apprendre à faire avec ses limites et ses faiblesses, tout comme avec celles des autres ;
- ne pas juger. Savoir que l'on ne détient jamais la vérité absolue.

LES DÉFIS KARMIQUES DU DOMAINE 8

Les énergies de ce domaine poussent à libérer et nettoyer des blessures prénatales associées à des vies dures, vécues dans la peur et la domination, avec de fortes tensions matérielles et financières. Plus généralement, le domaine 8 invite à libérer toutes les blessures ou mémoires karmiques entravant la réalisation de la personne.

Il s'agit de travailler sur les dettes et les liens karmiques, notamment sur un plan personnel et transgénérationnel.

DOMAINE 9, L'ACCOMPLISSEMENT PAR LA VOIE DU CŒUR

Ce domaine vibre sur les mêmes types d'énergies que celles du chemin de vie 9 (voir p. 123). Vous pouvez relire les énergies de ce chemin pour comprendre ce qui se joue dans ces vibrations.

Énergies dominantes :
toutes les énergies harmonisées, via le chakra du cœur ouvert.

Énergies complémentaires requises :
tous les éléments.

Objectifs : apprentissage de la sagesse intérieure par la voie du cœur, grâce à un chemin initiatique individuel que chacun découvre quand l'âme est prête et déjà évoluée. Canalisation des dons et du don (donner). Expérimentation et compréhension des lois universelles et spirituelles. Incarnation d'une fonction spirituelle (maître, guide, éveilleur, passeur...) permettant d'effectuer un travail pour la lignée et/ou la famille d'âmes.

Sujets de travail :

- ouverture sur l'humanité ou sur la collectivité avec

DOMAINE 9

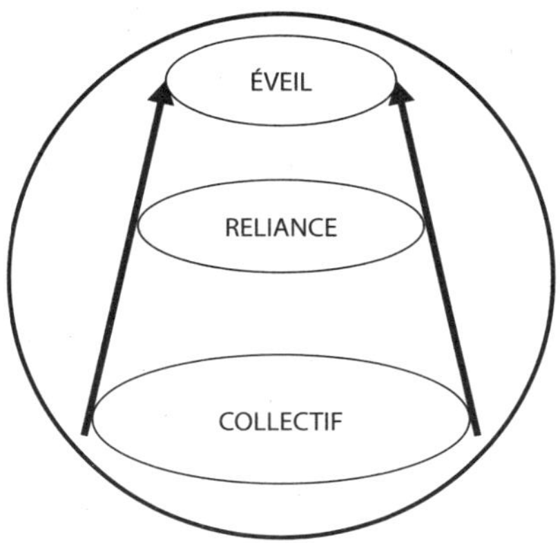

Conscience universelle

Au-delà du «je»,
Au-delà du «nous»

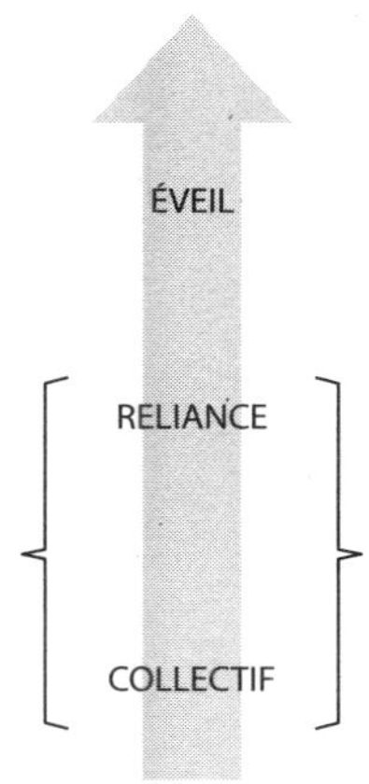

(Re)connexion à la source :
- Vibrer l'énergie de sa famille d'âmes
- Accomplir sa mission universelle

Vivre des buts de vie
qui dépassent la réalisation personnelle :
- Ancrage intérieur
- Gestion des émotions
- Application des lois
et principes universels

l'expérimentation concrète, solidaire et empathique du « nous » et de la reliance ;
- plus spirituellement, l'éveil et la reconnexion aux mondes subtils, l'incarnation en conscience d'une fonction pour la famille d'âmes, mais aussi la poursuite d'une vocation ;
- ouverture énergétique et spirituelle du (chakra du) cœur, connexion à l'âme.

Principes de vie :
- viser tous les équilibres (l'équilibre de toutes les polarités) pour éviter les abus de pouvoir, l'emprise sur les autres, l'intolérance, l'idéalisme, l'hypersensibilité, le sacrifice et la perte du goût de vivre ;
- apprendre à suivre son cœur, sa guidance intérieure ;
- se relier aux mondes subtils sans fuir le réel ;
- travailler l'ancrage et prendre soin de soi.

LES DÉFIS KARMIQUES DU DOMAINE 9

Le domaine 9 favorise la libération et le nettoyage des blessures prénatales associées à des déracinements ou des séparations émotionnelles et géographiques empêchant ensuite un ancrage personnel, générant des peurs de s'attacher ou des angoisses fortes pour soi et les autres. Il pousse aussi au travail sur certaines addictions, au nettoyage des mémoires et karmas collectifs, mais aussi des croyances limitantes.

CHAPITRE IV

TRAVAILLER EN CONSCIENCE POUR ACCOMPAGNER SON ÂME

Dans ce quatrième chapitre, vous trouverez des conseils pour accompagner au mieux les souhaits d'évolution de votre âme, sans pour autant minimiser les douleurs ou les blessures que vous pouvez vivre au cours de votre vie.

QUE SE PASSE-T-IL QUAND ON SE RECONNECTE À SON ÂME ?

Se mettre à l'écoute de l'âme consiste à percevoir en nous et dans notre vie toutes ses manifestations : dans nos émotions, dans notre psychologie et notre personnalité, mais aussi autour de nous, parmi notre environnement, dans les décisions que nous avons prises, auprès des personnes que nous avons choisies pour nous accompagner, auprès de celles que nous avons tenues à l'écart.

Questionner l'âme pour comprendre ce qu'elle vient expérimenter afin de l'accompagner avec les bonnes énergies est très différent de rechercher des solutions rapides et magiques pour se débarrasser de problèmes. Cela consiste plutôt à rechercher ce qui est bon et juste pour soi, tout en étant équitable et respectueux des autres, à tout moment de la vie, au fur et à mesure des événements.

Si vous choisissez de vous lancer dans ce type de travail, vous devez savoir que vos énergies personnelles seront sollicitées activement pour travailler sur les sujets importants. Car comme il n'y a pas de hasard, les domaines qui vous soucient ou que vous évitez font souvent partie des missions d'évolution ou de réparation de l'âme.

Ne vous lancez pas dans un travail sur l'âme pour vous débarrasser de vos difficultés sans affronter leurs véritables causes, essayez plutôt de le faire pour mettre en lumière ce qui a besoin d'attention et demande à être libéré. C'est la meilleure voie pour atteindre un équilibre, un sentiment de bien-être et d'harmonie.

Se reconnecter à l'âme est une expérience qui sollicite de nombreuses dimensions de soi et l'ensemble des ressources énergétiques, aussi bien physiques et mentales qu'émotionnelles. Tous les plans de la vie sont mis à contribution et soumis à questionnement. Et le réajustement qui s'opère peut remettre en cause ou bouleverser vos valeurs, vos croyances et certains de vos choix de vie.

Ce temps d'ajustement et d'alignement n'est pas limité, encadré, prévisible. Tout est lié à votre vie, à ce que vous impulsez et à ce qui est à ajuster en fonction de ce qui se produit. Que vous soyez en train de rencontrer des turbulences complexes ou que vous profitiez d'une période d'apaisement et de sérénité, le processus d'alignement et d'évolution ne cesse pas, vous franchissez de nouvelles étapes. Plus vous avez la compréhension de ce qui se joue dans votre vie et sur un plan plus large, plus vous comprenez comment la vivre en conscience tout en ménageant autant vos désirs les plus chers que les défis qui sont à relever.

Plus vous acceptez de vous laisser guider par cette autre dimension de vous-mêmes, plus vous vous ouvrez à un vaste champ des possibles au sein duquel les lois de la matière demeurent, mais peuvent être maîtrisées et exploitées plus justement et pour davantage d'efficacité.

En vous reliant via vos ressentis à un état subtil et invisible de vous-même, vous accédez à un champ énergétique et spirituel plus vaste, à une sorte de matrice au sein de laquelle se trouvent les clés de compréhension et d'évolution que vous recherchez. Et c'est dans ce territoire multidimensionnel que graduellement votre ego apprend à se situer pour s'aligner sur les missions d'évolution de votre âme.

Quand l'ego se met à l'écoute de l'âme, il ne court pas le risque de renoncer à son individualité ni à sa liberté intérieure, il va plutôt s'ouvrir et commencer à répondre à de nouvelles perspectives et à des potentialités plus justes et plus équilibrées, au regard d'enjeux et de défis qui étaient souvent jusque-là incompris.

7 CLÉS POUR SE RECONNECTER À SON ÂME

| LES PRINCIPAUX MESSAGES DE VOTRE ÂME SONT CONTENUS DANS CE QUE VOUS VIBREZ

Ils sont présents dans ce que vous êtes, dans ce que vous faites, dans vos réactions, dans votre corps, dans vos émotions, dans vos pensées et dans la matérialisation de votre vie. En vous mettant à l'écoute de vous-même et de votre environnement, vous pouvez les discerner. Ils vous indiquent en creux vos domaines de travail et d'évolution.

Observez vos forces et vos faiblesses, vos qualités, vos défauts, vos besoins, vos désirs. Sans juger, sans vous dévaloriser, ressentez-vous dans toute votre humanité, votre singularité et vos aspérités. Comprenez ce que vous choisissez de nourrir en vous, comment vous rayonnez. Portez la lumière sur ce que vous préférez taire. Utilisez l'énergie introspective du « 7 » (voir p. 119 et p. 148) et l'énergie miroir de l'eau (voir p. 89) pour réfléchir sur ce qui vous anime et pour répondre à ce qui vous questionne.

| PROCÉDEZ AVEC ORDRE ET MÉTHODE

Commencez toujours par comprendre votre vie actuelle et ce qu'elle révèle d'essentiel. Faites le point sur ce vous avez appris de chaque expérience structurante vécue, bonne ou mauvaise, ainsi que ce qu'elle a éveillé ou réveillé en vous. Demandez-vous ce que vous en avez retiré de bon pour vous et pour les autres, puis voyez comment vous avez appris à capitaliser dessus.

Si certains événements passés sont toujours sensibles, difficiles et non digérés, prenez le temps de les assimiler en conscience pour ce qu'ils représentent réellement pour vous. Les difficultés que vous rencontrez sont aussi des messages vous indiquant des sujets particuliers à travailler. Est-ce le sujet du problème qui rend complexe la résolution de la situation ? Est-ce une tendance à ressasser sans sortir du cycle des pensées ? Est-ce que parce que tout n'est pas réglé ou encore compris que vous restez focalisé sur le sujet ? Dans ce cas, que reste-t-il à faire pour tourner la page ? Par quelles actions pouvez-vous mettre en place cette évolution ? Comment découper le plan d'action ? Quelles émotions demandent à s'exprimer ? Comment pouvez-vous les accompagner le plus justement possible, dans le respect de l'intégrité des autres ?

Posez-vous des questions dont les réponses seront nécessairement des solutions. Évitez les « pourquoi » et privilégiez les « comment », tout en choisissant des buts positifs et réalistes, donc atteignables. « Pourquoi je suis seul ? » est à bannir. « Comment je peux me faire des amis ? » est plus efficace.

Prenez en compte votre mode de fonctionnement, car il n'y a que vous qui êtes capable de le changer progressivement. La compréhension de vos énergies dominantes et la manière dont vous les utilisez (ou non) dans les différents domaines de votre vie vous aident à ajouter peu à peu les énergies complémentaires indispensables au changement.

ACCEPTEZ L'EXPÉRIENCE ET PRENEZ LA MESURE DES DOMAINES D'ÉVOLUTION

La raison pour laquelle on n'entend pas un message est souvent que l'on ne se concentre pas en profondeur sur ce qui est vécu, on ne prend pas le temps d'apprécier ce que l'on doit faire de ce que l'on vit. En ignorant ce que signifient nos ressentis, on repousse la difficulté et le sujet se cristallise en arrière-plan.

Devant les problèmes ou après la difficulté, interrogez-vous sur les énergies en présence, sur celles qui manquaient et sur ce qui s'est mécaniquement produit. Prenez en compte l'ensemble des fonctionnements : le vôtre, mais aussi celui des autres participants, ainsi que celui de la situation ou de la relation, car elles ont leur propre vie. En analysant les énergies, vous évitez de trop personnaliser les sujets étudiés, vous n'en faites plus une affaire de personnes.

Tout en sachant que vous n'avez pas la main pour agir sur le fonctionnement des autres, vous savez que vous pouvez influencer le résultat en changeant votre propre approche et en diversifiant l'usage de vos quatre énergies principales (feu, terre, air et eau), en comprenant ce qui se joue extérieurement et intérieurement sur les quatre plans de conscience :

- la matière et la matérialisation sont gouvernées par les énergies de terre ;
- l'action et le rayonnement sont portés par les énergies de feu ;
- le mouvement, la pensée, la communication et le spirituel sont guidés les énergies d'air ;
- l'émotion, le cœur et l'âme se révèlent par les énergies d'eau.

CLÉS DE COMPRÉHENSION

L'âme ne s'incarne pas spécialement pour être sur un rythme de croisière ni pour être dans des difficultés sans fin. Son objectif est de trouver les solutions équilibrées lui (et vous) permettant d'évoluer. Il n'est jamais trop tard pour se poser, pour dénouer les sujets et pour cheminer petit pas par petit pas vers un meilleur alignement.

PRENEZ EN COMPTE VOTRE ENVIRONNEMENT ET LES CONTEXTES

Tout ce qui bloque ne vient pas forcément de vous, mais n'est pas non plus systématiquement la faute aux autres. Soyez lucide et neutre dans vos analyses, évitez tous les jugements. Ne minimisez pas votre pouvoir d'action ou votre responsabilité : avec ces deux atouts, vous ferez avancer les choses pour la partie qui vous concerne. Ne cherchez pas à influencer ou dominer ce qui appartient aux autres et relève de leur libre arbitre. Concentrez-vous toujours sur ce qu'il est possible de faire en étant dans le respect du bien et de l'intégrité des autres (même dans les conflits).

Accepter la réalité des situations et des personnes et « faire avec » évite de dépenser beaucoup de temps et d'énergie inutile.

APPRENEZ LE TEMPS

Observez ce qu'il permet de faire mûrir ou fleurir. Demandez-vous toujours quelles énergies sont en train de travailler quand rien ne semble évoluer, car l'évolution à l'œuvre est peut-être la vôtre. Et demandez-vous si les énergies que vous placez dans l'accompagnement de cette maturation sont les bonnes. Si ce n'est pas le cas, changez-les pour des énergies positives et patientes. De votre côté, avancez et évoluez, sinon vous serez en retard quand le moment sera venu.

SOIGNEZ AU PRÉALABLE LES BLESSURES ET TRAUMATISMES DE LA VIE ACTUELLE

Certaines vies difficiles confrontent dès le plus jeune âge à des relations ou à des contextes pesants et douloureux. Les traumatismes émotionnels et psychologiques sont à soigner et à panser en conscience et au regard de la vie vécue. Sauf cas particulier, ne partez pas dans un travail sur l'âme tant que vous n'avez pas déjà sensiblement dépassé les sujets lourds de votre vie, aidé par les accompagnements psychologiques et médicaux adéquats.

REPÉREZ LES RÉPÉTITIONS DE SCHÉMAS FAMILIAUX ET TRANSGÉNÉRATIONNELS

Les schémas familiaux et transgénérationnels sont à comprendre en premier lieu par le prisme de la vie en cours, en accordant toute votre attention aux rôles endossés et aux douleurs vécues dans le temps de l'incarnation présente. Plus tard, une fois ce premier travail effectué, il est possible de replacer dans un contexte plus large ce qui s'est joué à l'échelle des âmes et de dénouer les énergies cachées ayant pu sensibiliser certains protagonistes et entraîner des comportements toxiques ou difficiles.

LE RÉÉQUILIBRAGE ÉNERGÉTIQUE

TRAVAILLER SUR LES VIBRATIONS EXTRÊMES

Quand la vie se poursuit avec fluidité, tout se régule en son heure par les apprentissages de la vie. Mais parfois, on ressent un mal-être, sans trop savoir comment l'identifier ni comment y remédier. En abordant le sujet par sa dimension énergétique et élémentale, en réfléchissant aux polarités extrêmes et antagonistes peut-être en jeu, on peut comprendre assez facilement les sources de tensions, de douleurs et d'échec et identifier les sources de rééquilibrage.

En travaillant sur les énergies des quatre éléments (voir terre p. 77, feu p. 81, air p. 84, eau p. 89), vous approchez ce qui peut parfois vibrer trop fortement en vous ou, au contraire, insuffisamment. Vous comprenez comment vous pouvez réguler une typologie d'énergie par une autre pour ne pas agir selon un seul plan de conscience. Votre âme se réincarne pour développer progressivement tous ses systèmes de conscience. Selon son stade d'évolution et d'apprentissage, elle peut donc parfois être en souffrance ou en difficulté sur une énergie particulière. Si elle est feu et terre, l'une de ses missions consiste probablement à apprivoiser l'eau et l'air pour s'ouvrir aux autres et pour agir avec mesure et discernement. Si elle est eau et air, elle peut avoir besoin d'énergies plus stables et plus yang pour s'ancrer et se réaliser.

Voici quelques exemples pour vous montrer comment aborder un travail de rééquilibrage quand on vibre sur les extrêmes des polarités énergétiques.

- Si vous vibrez essentiellement sur le yin, n'oubliez pas votre yang, car il sera souvent la clé de votre équilibre.
- Si vous vibrez très fortement sur le yang, n'excluez pas le yin de votre vie, car le développer sera souvent la clé de vos succès.
- Si vous vibrez sur l'élément terre, n'oubliez pas de l'arroser avec l'élément eau.
- Si vous rencontrez une situation de dépendance, comprenez qu'au-delà du symptôme de dépendance, il y a quelque chose à régler du côté de l'indépendance.
- Si vous vibrez sur une énergie de perfection ou d'idéal, comprenez que vous devez explorer et accepter aussi la réalité et l'imperfection du monde et des personnes, en commençant par vous-même.
- Si vous vibrez sur l'exigence, comprenez que vous n'avez pas de raison d'attendre de votre entourage autre chose que ce que vous pouvez vous procurer par vous-même ou leur donner.
- Si vous êtes dans la tristesse, travaillez sur les origines de ce sentiment, mais explorez dans le même temps les domaines qui vous procurent de la joie. N'attendez pas de régler ce qui vous rend triste pour apprendre à ressentir le plaisir et le bonheur.
- Si vous avez le sentiment d'être impuissant, c'est probablement que vous regardez de trop loin ou de

trop près la situation, sans encore comprendre ce que vous pouvez faire.

- Si vous êtes dans le sacrifice, demandez-vous ce que vous pouvez donner sans que cela ne vous coûte, tout en travaillant sur votre capacité à recevoir ce qui ne coûte pas aux autres.
- Si vous êtes dans l'individualité, ouvrez vos ressentis à ce que ressentent les autres.
- Si vous êtes dans le contrôle et l'anticipation, travaillez en parallèle votre lâcher-prise et votre sens de l'adaptation.

PRENDRE EN COMPTE LES VIBRATIONS DANS LEURS SPÉCIFICITÉS

Nous ne sommes pas destinés à être partout, ni parfaits, ni tout à la fois. Notre âme n'attend pas l'impossible et nous ne vivons pas pour atteindre la perfection sur tous les plans. Nous sommes ici pour concilier ce qui nous aligne et nous fait vibrer avec ce qui est aussi de notre responsabilité, soit parce que l'on s'y est engagé par nos choix dans la vie actuelle, soit parce que cela nous est nécessaire. Nous devons donc faire en sorte de dégager les bonnes énergies vis-à-vis de chacun de ces domaines et des personnes impliquées dans ceux-ci. Et pour cela, il est important de prendre en compte et d'accepter la vibration naturelle de chacun des territoires ou des personnes : cela évite de perdre trop de temps et d'énergie à aller à contre-courant de ce qui a le droit d'être. L'important est de construire sur la réalité et à partir de la réalité.

Entendre les messages de l'âme consiste habituellement à accepter de se confronter aux énergies naturelles des domaines, des relations et des situations que l'on choisit de vivre ou qui s'imposent à nous, pour en retirer le meilleur. Il n'y a pas lieu de renoncer à ce qui compte pour soi, il est plutôt question d'opter pour les voies intermédiaires permettant de prendre en compte sans en souffrir ce qui est et qui ne peut être changé. Un domaine (et une personne) vibre toujours sur une dominante énergétique. Aussi, chercher à le transformer totalement, sans prendre en compte son essence naturelle, revient à aller contre l'essence de l'énergie.

La terre ne peut pas devenir l'eau ni l'air. Aussi, quand on aborde un domaine gouverné par l'élément terre (comme le travail, mais aussi la famille et les finances) en l'inondant de l'élément eau (l'émotionnel), on ne discerne plus sa vocation, son intérêt, sa force, ni même toutes les ressources que cet élément met pourtant à notre disposition. À l'inverse, si on le prive intégralement d'eau (de cœur, d'amour ou d'empathie), le territoire s'assèche, n'est pas fertile et on n'en retire rien de bon. C'est donc en tenant compte des caractéristiques énergétiques du domaine qu'on peut ajuster les énergies complémentaires qui favoriseront sa fertilité. La terre apprécie l'air, tant que celui-ci ne provoque pas une tempête ou un ouragan. Il faut du vent et un peu de mouvement pour chasser les nuages, mais le temps et la stabilité sont nécessaires pour que fleurissent, bien enracinées, les graines semées dans la terre.

Exemple 1

Quand vous rencontrez des problèmes professionnels (terre) et que votre lecture de la situation se fait par vos filtres émotionnels (eau), c'est important de revenir au concret pour mieux comprendre ce qui vous bloque. Vos émotions peuvent être révélatrices d'un malaise à prendre en compte et à traiter à part entière. Il ne s'agit donc pas de les minimiser puisqu'elles peuvent être la source de vos difficultés, mais elles se rapportent à votre fonctionnement intime et à une approche personnelle des blocages rencontrés. L'élément terre, de son côté, vous rappelle la base des contrats et engagements, dépouillés d'affect, qui vous relient à cette sphère. En comprenant que vous pouvez découper votre démarche et travailler différemment selon les typologies d'énergies en présence, vous gagnez en lucidité et en efficacité.

Exemple 2

Aborder le domaine des relations et de la communication, qui demande à canaliser les énergies d'air (capacité d'expression et de formulation), d'eau (sensibilité émotionnelle et relationnelle) et de feu (désir de communiquer, passion et enthousiasme dans l'expression), par le seul prisme de la terre (pragmatisme, pouvoir, contrôle), prive véritablement l'entreprise de ses plus belles vibrations et il est probable que les relations construites dans une expression de ce type ne dépasseront que difficilement les quelques échanges précis et nécessaires. Ainsi quand l'expression est bloquée ou qu'elle peine à s'appuyer sur les qualités harmonisées de ses énergies dominantes, il est intéressant d'identifier plus spécifiquement les énergies bloquées ou surabondantes et les raisons de cette situation.

Quand vous démarrez ce type de travail, ne vous placez pas en position de jugement, ni de vous-même ni des autres. Ne cherchez pas non plus un standard d'évaluation. Il n'est pas question de se définir par rapport à une norme ni par rapport à un standard de société. Vos seuls critères sont « est-ce que je me sens bien dans ce domaine et sur ce point particulier ? Ou est-ce que je suis en souffrance et ressens une tension désagréable ? » Et si c'est le cas, alors il peut être utile de mieux appréhender les vibrations qui posent problème, puisqu'elles vous indiquent en creux comment revenir vers une énergie plus harmonisée.

Ne cherchez pas à vous créer des manques ou des difficultés là où il n'y en a pas. Vous pouvez :

- avoir coupé tous les ponts avec votre famille de naissance et vous sentir en paix avec cette situation et dans sa vie en général ;
- ne pas être en couple et vous sentir parfaitement aligné par rapport à cette situation ;
- ne pas avoir de famille, de couple ou d'enfant, et vous réaliser par toute autre source d'épanouissement ;
- gagner assez chichement votre vie, être sans emploi et ne pas avoir de problème avec le domaine du travail (qui représente tout autre chose : un rapport à la méthode, au temps, éventuellement à la hiérarchie...) ;

- éprouver provisoirement une colère ou une tristesse très justifiée sans que cela constitue un déséquilibre énergétique ;
- vivre un abandon dans votre vie en cours, sans y être particulièrement sensible ;
- aimer le mouvement, passer votre vie à voyager sans jamais vous limiter à un seul port d'attache et être très bien ainsi.

CLÉS DE COMPRÉHENSION

Selon son stade d'évolution, l'âme n'a pas les mêmes besoins, elle évolue au fil des incarnations dans ses choix et valeurs. Et la personne incarnée ressent cette influence. C'est pour cette raison qu'elle peut tout à fait ne pas avoir une velléité de vie classique ou correspondant à des normes habituellement constatées. Aussi, travaillez toujours par rapport à vous, à vos sources intimes d'équilibre.

LES INFLUENCES KARMIQUES ET LES LIBÉRATIONS DE KARMAS

Quand vous avez la sensation douloureuse de ne pas être aligné et que vos ressentis vous laissent penser qu'il y a derrière les répétitions et les situations complexes vécues un nœud énergétique et karmique dense, ou si vous traversez une nuit noire de l'âme[1], vous pouvez vous faire aider pour dénouer certaines énergies antérieures difficiles influençant vos énergies actuelles. Ce travail est possible sous certaines conditions et dépend aussi de la position de votre entourage. En effet, si les karmas lourds sont portés par votre proches et non par vous, vous ne pourrez pas travailler de la même manière que si vous êtes l'âme ayant la main pour évoluer et pour exprimer les sujets qui ont besoin d'être traités.

Commencez donc toujours par comprendre comment tout est imbriqué. Un médium ou un karmathérapeute peut vous aider à dérouler et dénouer le fil.

Sachez aussi que comprendre n'est pas soigner, ni libérer et que cette dernière étape, même si elle se rapporte à une antériorité (d'autres vies), se dénouera souvent par votre canal énergétique, sollicitant donc parfois douloureusement vos plans de conscience. Ne vous lancez pas dans un travail de libération karmique en pensant qu'il est possible de dénouer les rouages par magie et instantanément. Non, il faut aller rééquilibrer et fluidifier toutes les énergies et les mémoires en jeu pour qu'elles puissent transmuter. Le travail n'est pas anodin sur les plans énergétiques, émotionnels et psychologiques ; il dépend des mémoires à libérer et de votre énergie « eau ». Le thérapeute n'a pas la main sur la matière travaillée puisque c'est celle présente dans le champ énergétique, il ne peut que guider et éclairer le chemin du travail possible pour que vous

1. Voir glossaire p. 185.

compreniez mieux ce que vous ressentez, notamment émotionnellement.

Il est parfois trop tôt pour un travail en profondeur. C'est le cas quand les blessures de la vie actuelle occupent toute la bande passante énergétique ou quand la conscience mentale prédomine trop fortement et que le système émotionnel n'est pas encore en capacité de prendre pour lui des douleurs et des blessures qui ne lui appartiennent pas, ou encore quand les âmes impliquées (la vôtre ou celles plus extérieures) ne sont pas prêtes pour le travail.

Le travail karmique s'effectue sur un champ énergétique large, sur les énergies d'âmes aux mémoires et blessures antérieures liées et il ne porte que sur cette antériorité. Il respecte donc toutes les âmes « convoquées » pour le travail. Quand les âmes ne sont pas dans l'entre-vies, il veille à ne pas interférer avec les egos et le libre arbitre. De ce fait, il ne peut pas agir sur tout, pour ne pas interférer avec le libre-arbitre.

L'ÉVEIL SPIRITUEL ET SES MANIFESTATIONS

Il arrive que l'âme s'éveille à soi par un processus spirituel, par exemple quand l'âme est incarnée pour accomplir une mission pour sa famille d'âmes en tant que guérisseur, que médium/canal, ou passeur. Dans ce cas, il n'y a pas toujours de signaux associés à des problèmes de la vie actuelle. La personne va peut-être alors remarquer une hypersensibilité particulière (gorge, oreilles, migraines, sensations kinesthésiques), car sa montée vibratoire s'accompagne des inconforts énergétiques préalables à la mise en place du don, sollicitant fortement les chakras pour les ouvrir et accéder à l'ensemble des canaux requis. Il est possible de se faire aider énergétiquement pendant la mise en place de la nouvelle structure énergétique tout en la renforçant.

Pendant cette phase, les guides lancent un premier nettoyage de mémoires ou commencent à faire travailler l'âme sur sa fonction. La personne n'en a pas encore conscience, mais elle a déjà commencé à soigner, à entendre ou à voir. Cela peut la fatiguer et elle peut ressentir que son sommeil n'est plus réparateur, que ses pensées et ses émotions ne lui appartiennent pas vraiment, elle peut faire des rêves éveillés, avoir des visions brèves. L'accompagnement énergétique permet de canaliser plus efficacement ces premiers travaux, sans penser que tout ce qui est traité se rapporte à soi ou à son âme, tout en facilitant la montée vibratoire.

CONCLUSION

L'âme s'incarne dans une vie humaine pour exercer sa vibration dans le champ terrestre et vivre des situations qui lui permettront de se diriger vers une plus grande sagesse, grâce à une meilleure maîtrise des lois et des principes universels et énergétiques. Nourrie de ses apprentissages et vécus antérieurs, elle revient pour poursuivre ou transformer progressivement ce qu'elle a commencé et qui est potentiellement encore source de blessures ou de difficultés. Au fil des vies vécues, sa compréhension des lois universelles et spirituelles se renforce et, tour à tour, les personnes incarnées manifestent dans la matière cet état actuel de développement et de conscience.

Pour l'être incarné, écouter son âme et ses messages consiste donc toujours à :

- **Ressentir en soi et autour de soi les énergies dominantes ou absentes, harmonisées ou encore déséquilibrées qui le traversent.** Cela lui permet d'identifier ce qu'il est né pour vibrer harmonieusement ainsi que ce qui est à réguler pour y parvenir. Ainsi, en apprivoisant et maîtrisant la dimension énergétique de votre incarnation, vous apprenez à vibrer de manière plus alignée et sereine, tout en respectant les particularités et aspérités de votre âme encore en apprentissage.

- **Clarifier ses choix d'incarnation et les sujets ou domaines prioritaires qui sont les raisons majeures de son nouveau choix de vie.** Cela lui permet d'accorder une importance plus particulière à certaines thématiques de vie qui auront de toute manière tendance à se présenter « pour travail » tout au long de la vie vécue. En constatant les difficultés que vous rencontrez, vous effectuez le premier pas vous aidant à comprendre ces domaines de travail. Mais ne restez pas strictement concentré sur ces points particuliers, car ce faisant, vous vous priveriez d'une vision large et périphérique vous indiquant le champ plus réel d'évolution de votre âme. Cherchez toujours à ajuster votre vision afin de prendre en compte le panorama réel et suffisamment large de votre vie ; bien souvent, vos autres réalisations et la manière dont vous les accomplissez vous offrent des réponses expliquant ce qui ne peut pas naître ou se développer.
- **Comprendre comment, en toutes circonstances, il est possible de s'aligner sur des principes de vie justes, sincères et intègres.** Ces principes répondent aux lois universelles et spirituelles et ils nous assurent de penser et d'agir dans un bon équilibre des polarités, en nous plaçant à la bonne place, c'est-à-dire sans tout ramener à nous ou sans nous

oublier. Je les ai mentionnés dans les 9 chemins de vie. Pour certaines personnes, ces règles de vie ne sont que bon sens et bons sentiments, mais cette considération hâtive empêche de méditer sur la valeur réelle de ces conseils et d'en prendre la pleine mesure. Il est souvent plus facile de les écarter que de trouver comment les appliquer avec réalisme et équité. Pourtant, ils sont la clé permettant de débloquer la plupart des problèmes cristallisés et aident à se sortir des situations « par le haut ». En prenant en compte ces principes, vous vous replacez plus facilement dans un contexte moins « égotique » ; ils vous poussent à vous situer avec discernement dans une trame plus large que vous-même et vous permettent d'accepter des réalités qui vous dépassent. « Accepter », ce terme est important quand vous entrez dans une approche spirituelle des sujets de vie. Il n'y a pas lieu de l'associer à des notions de défaitisme ou de passivité, mais plutôt de considérer que, parfois, ce qui serait bon pour soi ne peut pas naître ou être pour des raisons tout aussi intérieures qu'extérieures. Accepter permet alors de travailler sur tout ce qui relève de votre juste pouvoir d'action, sans aller au-delà.

L'âme se réincarne pour poursuivre son programme d'évolution grâce à des missions qui vont servir son plan. Parce qu'elle n'est pas toujours ou encore « alignée », parce qu'elle vibre sur des blessures ou des douleurs antérieures aussi bien reçues qu'infligées, elle porte en elle des sensibilités qui se répercutent sur la personne incarnée, mais qu'il va justement s'agir de soigner et de transmuter pour aller dans le sens de ce qu'elle souhaite accomplir. Pour ces raisons, nos forces et nos fragilités, mais aussi l'ensemble de nos mécanismes d'attaque ou de protection sont aussi bien corrélés aux expériences que nous vivons dans la vie en cours qu'à celles que l'âme a subies ou provoquées lors de ses vies antérieures. Ce qui, d'ailleurs, peut devenir source de diverses contradictions, les blessures d'un temps ancien influençant autrement la vie que les blessures actuelles.

Il arrive donc que nos questionnements sur l'âme aient pour point de départ des douleurs émotionnelles et psychologiques importantes, des sentiments de conflit ou de confusion intenses et parfois destructeurs, des sensations de ne pas pouvoir s'insérer sereinement dans un monde que l'on rejette ou dont on se sent rejeté.

Toutes les âmes portent en elles des blessures karmiques encore ouvertes. Cela permet d'expliquer des traits de caractère, mais n'augure pas systématiquement de lourdes mémoires karmiques à libérer et à transmuter. Dans de nombreux cas, pour débloquer les sujets karmiques en cours d'évolution, le plus important consiste donc plutôt à se focaliser sur les blessures ou difficultés de la vie actuelle pour comprendre comment dépasser et faire évoluer les situations provoquant ces douleurs. Ce faisant, on accompagne naturellement l'âme dans sa mission d'évolution et d'harmonisation des énergies.

Mais parfois, le poids des blessures antérieures est tel qu'il est juste et important de qualifier l'âme pour ce qu'elle est, une âme « blessée », vibrant majoritairement sur des douleurs et des souffrances anciennes encore à vif. La personne incarnée vibrant aussi sur ces fréquences antérieures aura alors souvent pour mission de libérer et de nettoyer ce champ énergétique karmique difficile et elle rencontrera dans sa vie en cours des situations qui seront souvent des occasions de travailler en arrière-plan sur ces mémoires inconnues.

Dans ces cas-là, il peut véritablement être judicieux de se faire accompagner par un thérapeute de l'âme. En se focalisant sur la dimension karmique des énergies en présence, il facilitera le nettoyage et la transmutation de ce qui relève des antériorités lourdes et sombres. En régulant et apaisant le champ karmique de la personne, il ne transformera pas radicalement sa vie actuelle, mais il libérera son terrain d'expression de sensibilités négatives supplémentaires qui pouvaient l'entraver jusqu'à présent dans sa réalisation.

J'espère que ce livre et ses différentes propositions d'approche vous ont donné l'envie de mieux comprendre cette dimension de vous-même qui vous transcende et vous pousse à vous dépasser pour incarner au mieux la vibration profonde et apaisée de votre âme.

GLOSSAIRE

Bas astral : au-delà du plan physique et matériel du monde, il existe d'autres plans énergétiques subtils tels que les plans éthérique, astral, mental, causal, bouddhique et âtmique. Le plan astral est celui directement relié aux émotions. Le bas astral est la dimension négative du plan astral. On y retrouve toutes les vibrations basses et lourdes, les formes émotionnelles négatives créées par l'homme, mais aussi diverses entités parasites.

Bourreau/sauveur/victime : le triangle de Karpman est une figure d'analyse transactionnelle proposée par Stephen Karpman. Elle met en exergue les trois rôles archétypaux que nous endossons souvent dans le cadre des relations nouées. Quand la relation n'est pas fluide, c'est parce que l'une des personnes, endossant l'un des rôles, conduit son interlocuteur à en occuper un autre complémentaire. Si une personne incarne plus facilement le rôle de victime, elle pousse souvent les autres à se positionner soit en sauveurs, soit en persécuteurs (bourreaux). Si une autre choisit plus facilement le rôle de sauveur, elle recherche souvent des situations ou des personnes à défendre. Et si une autre personne a tendance à dominer, elle conduit nécessairement les autres à occuper à ses côtés des rôles de sauveurs ou de victimes. Chaque personne porte en elle ces trois facettes relationnelles et ce sont les situations et/ou les autres protagonistes impliqués qui la poussent, selon les circonstances, à endosser un rôle puis un autre. Au fil des incarnations, l'âme teste les différentes modalités relationnelles et cherche à se défaire des dérives de ce triangle dramatique pour être et interagir dans une forme d'inconditionnalité, de liberté intérieure et de respect mutuel. Le principe de la théorie de Karpman est que chaque individu trouve dans son rôle un intérêt inavoué ou inconscient. Il s'y réfugie quand des situations le fragilisent et viennent réveiller en lui des blessures anciennes récentes ou beaucoup plus lointaines. Et c'est ainsi qu'il répète des mécanismes comportementaux qui, très inconsciemment, lui évitent de se pencher sur des blessures profondes ou sur des défis d'évolution qui seraient à relever. Pour les personnes incarnées vivant des relations déséquilibrées, l'enjeu consiste donc à sortir des mécanismes qui se mettent en place en identifiant les motivations psychologiques et émotionnelles les poussant à occuper un rôle plutôt qu'un autre. En travaillant sur les gratifications (parfois inconscientes) qu'elles en retirent et en découvrant les blessures originelles responsables, elles se débarrassent peu à peu de ces schémas toxiques.

Contrat d'âmes : accord passé entre deux ou plusieurs âmes pour vivre une expérience dans le monde matériel. Par ce contrat, les âmes organisent les conditions d'expérience et d'apprentissage qui se manifesteront pendant la vie vécue ; elles se distribuent les rôles afin que les situations puissent s'organiser au mieux pour réguler ce qui est à vivre et à dépasser.

Cycle de vie : la loi des cycles organise le principe de vie. Les choses et les personnes naissent, évoluent, meurent puis renaissent selon un ordre et une succession d'étapes. Tout est soumis à ce principe de cycle. La terre vit au rythme du cycle des saisons, l'une chassant l'autre tout en organisant et régulant le processus de revitalisation de la matière. Comprendre les cycles de vie permet d'accepter les dualités et donc les complémentarités nécessaires à la génération de la vie et donc de la création. Aucune fleur ne peut éclore sans l'ensemble des saisons, tout comme il n'y a pas de vie sans la mort.

Ego : terme désignant le « moi » ou encore le « je ». Comparativement à l'âme, il désigne la dimension actuelle et incarnée de l'individu, sa personnalité.

Élémental : relatif à la conscience et à la maîtrise des éléments tels que l'air, le feu, l'eau et la terre.

Famille d'âmes : groupe d'âmes reliées énergétiquement par des vibrations et des mémoires communes. Chaque famille possède sa propre identité vibratoire qui définit un socle commun, des affinités et des missions spirituelles spécifiques. Marie-Lise Labonté, dans son texte canalisé édité sous le titre *Les familles d'âmes*, identifie 13 familles d'âmes principales (maîtres, guérisseurs, guerriers guérisseurs, chamans, guérisseurs enseignants, guerriers, alchimistes fées, communicants, enseignants, passeurs, initiateurs de conscience, piliers, mécaniciens).

Karma : notion spirituelle indienne sur laquelle repose le principe de causalité. Les êtres vivants et sensibles sont soumis au cycle des causes et des conséquences ; ils renaissent donc en fonction de la nature de leurs actes (antérieurs). Les actions négatives des vies passées constituent le karma. La vie actuelle est le terreau de nouvelles actions destinées à équilibrer le karma et à évoluer vers le dharma, généré par les actions positives alignées sur les lois spirituelles. Le but de l'âme est, *in fine*, de quitter le cycle répété de la naissance et de la mort (samsara).

Mémoires akashiques : les annales akashiques sont la mémoire de l'univers. Toutes les pensées, émotions, sensations, paroles et actions des êtres vivants, mais aussi toutes les manifestations de l'univers sont enregistrées en permanence dans cet espace multidimensionnel.

Nuit noire de l'âme : forme de crise existentielle et spirituelle traversée par l'être humain au cours de laquelle il peut perdre ses repères identitaires et matériels habituels. La nuit noire de l'âme est destinée à aligner l'ego sur l'âme, à remettre au centre de la vie les missions spirituelles pour lesquelles l'âme a choisi de s'incarner. Perte de sens, repli sur soi, difficultés matérielles et affectives, remises en question profonde sont autant de manifestations destinées à débarrasser la personne d'anciens schémas de pensées et de blessures antérieures lourdes pour l'aider à se reconnecter à son essence.

Yin/yang : principe de philosophie chinoise que l'on retrouve notamment dans le taoïsme, induisant que toute chose est ou existe grâce à deux aspects opposés et complémentaires dont l'alternance et l'interaction génèrent la vie. Le yin correspond à la polarité féminine et le yang à la polarité masculine. L'un ne pouvant se définir ou exister sans l'autre, cette approche conduit à chercher la réunion des contraires, à dépasser les premiers sentiments de dualité pour créer ou ressentir en soi l'unité. D'un point de vue archétypal, derrière le yin se trouvent les notions de passivité, de gestation, d'émotion, d'eau, de froid, de lune, de nuit et d'hiver. Les concepts d'activité, d'action et d'impulsion, de chaud, de feu, de soleil, de jour et d'été se retrouvent quant à eux associés au yang.

NOTES

Illustrations : Shutterstock
Infographies : Laurent Stefano

Direction : Guillaume Pô
Direction éditoriale : Élisabeth Pegeon
Édition : Vanessa Martel
Mise au point des textes et préparation de copie : Annabelle Biau-Weber
Direction artistique : Julie Mathieu
Mise en pages : Véronique Sommeilly
Direction de fabrication : Thierry Dubus
Suivi de fabrication : Florence Bellot

Certifié PEFC
Ce produit est issu de forêt gérées durablement et de sources contrôlées
www.pefc.it
PEFC/18-31-103

Ce livre est composé de matériaux issus de forêts bien gérées, certifiées PEFC™, d'encres végétales et d'autres sources contrôlées, garantissant la démarche de développement durable de l'éditeur et de l'imprimeur.
Les éditions Secret d'étoiles utilisent des papiers composés de fibres naturelles, renouvelables, recyclables et fabriquées à partir de bois issus de forêts qui adoptent un système d'aménagement durable.

Achevé d'imprimer en mars 2022 par Rotolito en Italie.